Hermann Fölster

Sprachliche Reimuntersuchung der Miracles de Nostre Dame de Chartres des Mestre Jehan le Marchant

Hermann Fölster

Sprachliche Reimuntersuchung der Miracles de Nostre Dame de Chartres des Mestre Jehan le Marchant

ISBN/EAN: 9783743383111

Hergestellt in Europa, USA, Kanada, Australien, Japan

Cover: Foto ©Thomas Meinert / pixelio.de

Manufactured and distributed by brebook publishing software (www.brebook.com)

Hermann Fölster

Sprachliche Reimuntersuchung der Miracles de Nostre Dame de Chartres des Mestre Jehan le Marchant

Herrn

Professor Dr. Edmund Stengel

in dankbarer Verehrung

gewidmet.

So grosse Fortschritte auch die Erforschung der altfranzösischen Dialekte und namentlich der des Westens und Nordens in den letzten Jahrzehnten gemacht hat, so giebt es doch auch hier noch Gebiete, über deren Sprache man nur annähernd klar unterrichtet ist, da es ihnen entweder ganz an litterarischen Denkmälern fehlt, oder dieselben noch einer Veröffentlichung beziehungsweise nähern Untersuchung bedürfen. Hierher gehört besonders das Gebiet zwischen der Normandie und Isle de France, also die alten Landschaften Perche und Beauce mit Chartres, aus denen bisher keine Urkunden bekannt geworden sind, und denen auch nur eine Dichtung: »Les Miracles de Notre Dame de Chartres« anzugehören scheint. Diese in mehr als einer Hinsicht interessante Mirakelsammlung bietet also bisher die einzige Möglichkeit, den alten Dialekt jener Gegenden näher kennen zu lernen, und dürfte es daher eine lohnende Aufgabe sein, denselben nach diesem Gedichte näher zu kennzeichnen und mit seinen beiden grossen Nachbardialekten zu vergleichen. Das soll in nachstehender Arbeit geschehen. Zunächst wird es nöthig sein, einige Bemerkungen über unseren Text vorauszuschicken.

Auf der Bibliothek zu Chartres als Theil der Hs. Nr. 18 aufbewahrt, wurden die Mirakel 1855 von M. Duplessis, Rektor zu Douai, veröffentlicht, und zwar, um sie auch weitern Kreisen verständlich zu machen, mit angefügtem Glossar. Letzteres genügt jedoch den jetzigen Anforderungen der Wissenschaft nicht, zumal es manche der selteneren Wörter entweder ganz auslässt oder falsch erklärt.

Was die Abfassungszeit der Sammlung betrifft, so stammt die Hs. aus dem Ende des XIV Jh., die Dichtung ist aber, wie wir gleich sehen werden, bedeutend älter. Sie besteht aus 32 Mirakeln, die sich meist auf den Brand und Wiederaufbau der Kirche von Chartres beziehen, zum Theil jedoch auch Wunderthaten in andern Städten feiern, die wir auch bei andern Mirakeldichtern, wie Hugues Farsit und Gautier de Coincy, erwähnt finden.
Der Vers ist der paarweis leoninisch-gereimte 8-Silbner.

Ueber den Verfasser selbst wissen wir nur das, was aus seinen eigenen, eingefügten Bemerkungen hervorgeht, doch ist dies mehr und ungleich wertvoller, als was uns sonst im allgemeinen über altfranzösische Dichter bekannt ist. Am Schlusse bemerkt der Verfasser nämlich, dass er, Mestre Johan le Marcheant, dieselbe im September 1262 vollendet habe und knüpft hieran eine Lobpreisung der königlichen Familie und besonders des Königs Louis IX, der ihm die Präbende von Peronne verliehen habe. Weiter erfahren wir aus der Einleitung zum dritten Mirakel, dass seine Vorlage ein lateinisches Mirakelbuch gewesen, dessen Verfasser Augenzeuge sowol des Brandes der Kirche als auch der verschiedenen Wunder war.

Cil qui le latin en escrit
Vit quant quil mist en son ecrit.

und dass er, Johan, bei Wiederauffindung dieses lange verlorenen, kostbaren Buches auf Wunsch des Bischofs Mahe und aus Verehrung für die heilige Jungfrau es in's Romanische und in Verse übertragen habe, um es so auch den Laien zugänglich zu machen.

Li lai par droit au[s] clers satendent
Qui leur exposent lescriture
Qui leur est a entendre ocure
Por ce voil ge mentente mestre
Que ge leur expose la lestre . . .

Nach dieser Erläuterung über Art und Verfasser unserer Dichtung wenden wir uns zu unserer eigentlichen Aufgabe und werden nach vorangestelltem Rimarium uns eingehend mit der daraus sich ergebenden Lautlehre beschäftigen und zum Schluss auch das Wesentliche aus der Flexion hervorheben. Die vortonigen Silben der männlichen leoninischen Reime haben wir in dieser Untersuchung nicht in Betracht gezogen.

Rimarium.

a.
-abet prs. +-avit:4,1. 7,2. 8,17. 11,9. 15,12. 20,26 etc.; — fut. +-avit: 95,2 + ∞: 15,21. 34,7. 94,28 etc.
-ac adv +-avit: 108,31. 115,16. 188,2.
-avit prt. +-abet, -ac +∞: 1,15. 2,16. 4,4. 8,24 etc.

able.
-*abalum sb. +-abilis: chaable 81,25.
-abilem a. f. + -abilis: estable 46,1;
— a. m. +-abilis, -abolum, -abulum.
-abilis a.f.+-*abalum, -abilem, abulam 81,26.—46,2.— 14,24. 78,16. 130,18. — 5,5.
-abolum sb. +-abilem: deable 164,14.
-abulam sb. +-abilem: fable 80,11;
-abulum sb. +-abilis: estable 5,6 ¹).

ables.
1) -abiles a. m. n. +o.: 207,9.
2) -abilesa.f.o.+-abilis:42,6; +∞ 137,13.

-abilis a.m.n.+-abiles: 42,5; +-abolus: 63,25; +-abulas:17,4; +∞ 91,30.
-abolus sb. +-abilis:63,26.
-abulas sb. +-abilia: fables17,3.

ace.
-aceam+-atium: filiace 151,6.
-acia+-aciem: trace 4,22.
-aciat prs. c. + -aciem: face 110,10; +-atiam: face 164,2.
-aciem sb. f. +-acia, -aciat: face 4,23 110,11.
-ateam sb. f. +-atiam, -atium: place 61,30. — 165,23.
-atiam+-aciat, -ateam, -atio: grace 61,29. 164,1. 210,20; +∞: 11,24. 15,7.
-atio sb.f.n.+-atiam: auocace 210,21 ¹).
-atium sb.m o.+-aceam, -ateam: espace 151,5. — 165,22.

aces.
-acias prs. c. + -atias sb.: faces: graces 166,11.

---

1) Wohl männlich, wie oft im Altfrz.
2) Dieses Wort habe ich sonst nirgends verzeichnet gefunden. Auch in unserem Texte findet es sich nur hier: »Or prion . . . La dame quelle par sa grace Vers son filz soit nostre auocace«. Seiner Bildung nach entspricht es wohl am besten dem latein. advocatio und wäre dann eins von den wenigen Fem. der lateinischen i u. konson. Deklination, die aus dem cas. rect. gebildet sind, wie préface, dédicace, collecace, confesse, von denen die meisten ja noch jetzt gebräuchlich sind. Da es hier aber im Sinne von »Fürsprecherin« steht, so ist ein Wandel des Abstractum zum Concretum anzunehmen, der ja auch durchaus nicht vereinzelt steht; vgl. ital. podestà und anglo-normannisches justice.

aches.

-ascas *sb.f.n.* +-aticas : taches : naches 65,20.

acre.

-aconum *sb.* +-agram *sb.* : Fiacre : poacre 199,5.

ade.

-abitum *a.m.* +-apidam : malade 200,27.
-abiti *a.m.* +-apidam : malade 79,23; — +-atui : malade 196,12.
-apidam *a. f.* +-abiti, -abitum : sade 79,22. 200,26.
-atui *a.* +-abiti : fade 196,13.

ades.

-abitos *a. o.* +-*apidas *a. n.*, *a. o.*: malades : sades 198,11. — 199,12.

age.

-apiam *a.*, -apii *a.*, -apius *a.* +-aticum *sb. o.* : sage 189,18. — 70,15. 97,11. — 11,20. 108,16.
-aticum *sb. o.* +-apiam : malage 189,20; +-apii : domage 97,10; mesnage(s) 70,14; +-apius : vilage 11,21; aage 108,17; +-aticus : pelerinage 120,18; + ∞ : 4,26. 5,27. 32,23. 43,3. 53,8. 57,4. 67,20. 74,15 etc.
-aticus *sb.* +-aticum : corage 120,17.

ages.

-agines *sb.f.* +-*aticos : images 209,22.
-aticas *a.f.* +-aticos : sauuages 38,7.
-*aticos *sb.* +-agines, -aticas, -aticus : mesages 209,21. — 38,6. — 128,29.
-aticus *sb. n.* +-*aticos *sb.*: domages 128,18.

ai, ei.

1) -abeo *prs.* +-acum 42,21; +-aĭci 22,2. 74,6; — *fut.* +-acum 127,25.

-acum *sb. o.*, *a.* +-abeo : Prunai 42,22. — 127,26.
-*aoum *sb. o.* +-aĭci *sb. pl.* delei ¹) 103,3. 171,2.
-aĭci *sb. pl.* + -acum ; +-abeo : lei 22,1. 74,5.
2) -apio *prs.* +-aviprt. : osei : sei 156,20.

aie vgl. oie.

1) -a(b)eam *prs. c.* +-aĭca *a. s.*: aie : laie 2,1.
2) -acam *a.* +-ēbam : veraie 102,14. 147,20; +-agam : veraie 167,12.
-aga *sb.* +-ēbam : plaie 7,15.
-agam *sb.* +-acam *a.*: plaie 167,11 ; +-ĭcat *prs. i.* : plaie 67,16.
-ēbam *impf.* +-acam : enseignoie 102,14; +-aga : fiaie 7,16 ; — *cond.* +-acam : seroie 142,19.
-ĭcat *prs. i.* +-agam : emplaie 87,15.

aient s. oient.

aies.

-acas *a.* +-ēdas *prs. c.* veraies : craies 139,1.

aigne vgl. oigne u. eigne.

1) -anea *sb. f. n.* +-*angam(?) *sb.*: montaigne : empaigne 203,13.
2) -aneam *sb.* +-ania : montaigne 183,9; +-endeam, -ignat, -*unia : ouuraigne 19,3. — 123,4. — 150,21.
-ania *sb. f.* +-aneam, -aniam : compaigne 183,8. — 182,12.
-aniam *sb. f.* +-ania, -igniam : champaigne 182,11. — 102,25.
-endeam *prs.c.* +-aneam : apraigne 19,2.
-ĕneat *prs. c.* +-ignat : tiegne 133,4.

---

¹) Vgl. Förster in : Grōbers Z. VI. 108.

-ignat *prs. i.*+-aneam,-ĕneat : enseigne 123,5. — 133,5.
-igniam *sb.*+-aniam : enseigne 102,26.
-*unia *sb. f.* +-aneam : besoigne 150,22.

aignent.
-angunt + -ingunt : plaignent : estaignent 191,11.

aille.
-acula *sb.* + -*aliam *sb.* : deuinaille : touaille 176,7.
-aculam *sb.* +-aleat *prs. c.* : maille : chaille 133,11.

aillent.
-*aculant *prs. i.*+-aliunt *prs. i.* : trauaillent : assaillent 180,15.

ain, ein.
-amen *sb. m.* +-anum *sb. f.* : arein 98,1.
-ane *adv.* +-anum *sb. f.* : main 43,7. 198,15. 203,22.
-anem *sb. m.* +-anum *sb. f.* : lendemein 68,14. 153,3. 159,9; +-ēnus *a. m.* : pain 35,6.
-ani *sb. pl.* +-anum *sb. m.* : chapelain 201,31.
-anis *sb. m. n.* +-anum *sb. f.* : pein 50,4.
-anum *sb. f.* +-amen, -ane, -anum *m., a.* : mein 98,1 — 43,8 — 153,4 — 10,2. — 16,13. 54,20. 197,9 — 16,13.
-anum *sb. m.*+-ane,-ani, -anum,-anus *a.*
-anum *a.*+-anum *f.* : 16,12. 54,19. 197,16; +-anum *m.* 173,9. -īnum 194,17. 201,1.
-anus *sb. f. s.* + -ēnum : mein 173,22. — *a.*+-anum *sb. m.* : lointain 42,24.
-ēni *a.* +-ēnus : plein 82,12.
-ēnum *a.* +-anus : plein 173.21.
-ēnus *a.* +-anem,-ēni : plein 35,5. 81,11.
-ĭnum *sb.* +-anum *a.* : sein 194,16. 201,2.

aindre, eindre.
-andior *a. m.* +-angere,-ŭnere, -ingere graindre 22,20. — 158,2. — 68,27.
-ánere+-angere : remeindre 145,21.
-angere + -andior, -anere, -inguere : plaindre 22,19; — complaindre 145,20. — 4,18.
-ĕmere+-andior : geindre 158,3.
-ingere + -andior : ateindre 68,26; +-inguere : estreindre 12,21.
-inguere+-angere,-ingere : estreindre 4,19. — 12,20.

aindrent.
-*ánserunt *prt.* +-inguerunt *prt.* remeindrent : estaindrent 209,29.

aine, eine (oine).
-ana *sb.* +-anam *a.*, -ena *a.* : fontaine 206,25. - 211,7; — *a.*+-anam *sb., a.,* -ena *sb., a.* : seinne 176,20. — 46,9. — 164,26. — 44,28; +-equanam : 166,3; +-ĭna : dareine 109,26; +-inat, -*inium : 131,7. 151,1.
-anam *sb.* +-ana : leine 176,19; + *a.* : semeine 150,10; + -ena : fonteine 61,23; — *a.* +*sb.* : preuchaine 150,9; +-ana *sb., a.* : humeine 206,24. — 46,10; +an(i)am : souuereine 120,11; certeine 142,11; +-inat, -ōniam : 25,2. — 66,7.
-anat *prs. i.* +-ĭna : seine 95,26.
-an(i)am *sb.*+-anam : Aquiteine 120,12. 142,22.
-ēna *sb.* +-ana : aleine 164,25; — *a.* +-ana, -anam, -ēnam : pleine 211,8. — 61,24. — 169,12.
-ēnam *sb.*+-ēna, -oenam : auoine 169,11. — 167,27.
-ĕq(ua)nam+-ana : Seine 166,4.

-*ĭna sb. +-ana,-anat : marraine 109,25.
— virgiaine 95,27.
-ĭama sb. +-ēnam : famaine 28,17.
-ĭnat(ur)prs.i.+-ana, -anam, -oenam:
moine 131,8. — 25,3. — 160,7; meine 163,1.
-*ĭn(i)um sb.m.+-ana : diemeinne 151,2.
-oenam sb.+-ēnam, -ĭnat : poine 168,1;
— peine 162,31.
-ōniam sb.f. +-anam : essoine 66,8.

ains, eins.
1) -anctos sb.+-ignos sb. : seins 170,10.
2) -anos a. +-anus : seins 46,5.
-anus sb. m. s. + f. : chapelains 161,8.
- 169,27; — sb.f.pl. o. +-anos, -anus
m., -ĭnus : mains 46,6. — 161,9. 169,28.
— 145,3. 151,4. 190,1. 196,30. 198,9.
199,10.
-ĭnus adv. +-anus : mains.

aint, eint.
1) -anctum sb. +-anet(?) prs. e. : saint : seint 168,20.
2) -anet prs.i.+-*anti : meint 3,16. 46,13. 166,6.
-angit prs. i. +-*anti, -inctum : pleint 165,14. — 163,27; +-anctum : seint 168,21.
-*anti a. +-anet , -angit : meint 3,15. 46,12. — 166,5.
-inctum p. p. +-angit : enfreint 163,26.

ainte, einte.
-anctam sb. +-incta p. p. 24,5. 176,31.

aire, eire, ere.
1) -acere inf.+-agire : faire 51,4 ; teire

49,13; + -abere, -aria, -ariam;
+-*atrium : pleire 6,9; +-edere : tere 48,14.
-acere sb. +-aria, -atrium : 53,3. 60,2.
-*agire + -acere, -aria : breire 49,12. 51,5. — 192,16.
-agrat prs. +-aria : flere 168,25.
-ahere inf. + acere : atreire 60,12;
+aria : traire 34,23.
-aria a. +-acere inf., sb., -arium : debonneire 34,4. 37,23. — 58,2. — 20,5 ;
+-ahere : deputaire 34,24.
-arium sb. +-aria, -ēdere : 20,6. 38,22;
+-ĭgera : deteire¹) 107,21.
-*atrium sb. o. + -acere : repaire 72,31. 60,3. 183,22. — n. +-acere inf. 6,10
-ēdere inf.+-acere, -arium : craire 48,13.
— 38,23.
-ĭgera sb. +-arium : Leire 107,20.
2) -yteram sb. +-*arius sb. : vicaire : prouaire 154,28.

atres.
-*arias adv. +-arios a. : gueres : contraires 112,19.

ais, ois.
1) -aesum sb. o. +-*ĭtium sb. o. : Blois : noblais ') 142,9.
2) -asium sb.o. +-*ipsum adv. : Gatinais 67,26. 96,23.
-*e(n)ses sb. +-*ipsum adv. : Francois 182,17.
-ĭpsum adv. +-asium, -*e(n)ses : denienais 67,27. 96,22. — ençais 182,16.

---

1) Ein sehr seltenes Wort, für das Godefroy auch nur diese Stelle anführt und das er = circonstance erklärt, während wir es mit »Zeitabschnitt« wiedergeben und aus dem vulgärlat. detarium = sextarium herleiten möchten, da ein solcher Begriffsübergang ganz gut denkbar ist. Es findet sich hier 3 mal im Text: 73,25. 107,21. 129,6.
2) Auffallende Masculinform. Vgl. Andresen: »Ueber Einfluss von Metrum, Reim und Assonanz auf die Sprache der afrz. Dichter« S. 11.

aise, aiae, ese.
-aceat prs.c.+-*asiam sb.: plese: maaese
69,28; + a. : plese: mauuese 119,18.
-acemsb.+-*asiam sb.:fornaise: mesaise
29,19.

eit, et.
-*acit prs. +-actum : fortreit 76,17;
retreit 96,29; desheit 156,19.
-acti p. p. +-actum sb.: 60,22.
-actum p. p. +-acti; +-acit, -actus:
66,30.¹) 156,18. — 87,13.
-actus p. p. +-actum: treit 87,12.

eiue.
-aqua sb.+-ip(i)at prs.c.eiue: aperceiue.

al (vgl. el, eu).
1) -alem a. m.+-alem a.f.: 9,28. 206,14;
— f. +-alis a.f.: 23,3.
2) -alum sb. o. +-allum adv.: mal: aual
29,3.

ambe.
-ammulam sb. +-ammulat prs. i.:
flambe: efflambe 12,22.

ame.
aninam sb. +-ēminam: ame 165,11;
+-ŏmina: ame 18,4. 189,25.
-ēminam sb.+-aninam, -ominam: fame
165,10. — 45,25. — 192,8.
-emma sb. +-ŏminam: gemme 111,15.
-omina sb. +aninam: dame 13,3. 189,26.
-ominam sb +-eminam, -emma: dame
45,24. 192,9. — 111,16.

ames.
1) -animas sb. +-ominas: 15,26.
2) -eminas sb.+-ominas: 199,16. 203,7.

an.
-annem sb. o. +-annum sb..o..: Johan: an
91,10.

ance, ence.
-antiam sb. o. +-entia : remenbrance
148,21; +-entiam: acointance 210,11;
deliurance 170,21; demoastrance
12,6; doutance 68,25. 70,23; fiance
172,21; remenbrance 160,17.
-antiat prs. i. +-entiam: auance 25,1.
-entia sb. n. + -antiam : puissance
148,22.
-entiam sb. o. + -antiam : penitance
160,18; poissance 71,24. 170,20.
127,5. 172,20. 210,10; porueance
68,24; +-antiat : penitance 24,81;
+ -innum-eccehoc: science 184,23;
— + in-eccehoc: conscience 144,7.
-innum- eccehoc pr. n. +-entiam sb.
sen-ce *) 184,24.
in-eccehoc pr. o. +-entiam sb. en-ce
144,8.

anche.
-ancam a. +-anicam sb. : blanche:
granche 136,6.

ande.
-andam sb.f. +-andat prs.i.: commande
85,11; viande 69,1. 115,28.

ange.
1) -ambiat prs. i. +-anea a.: change:
estrange 132,4.
2) -aneat prs. i.+-anei a.: estrange 6,3.

anges.
-aneus, aneuas.+ angelos sb.: estranges:
anges 90,2. — 141,2.

---

1) Ich lese: 'Icil dont j'ei le romanz treit' st. 'I. d. ici le r. t.'
2) Ich bessere: 'Mes moult (bi)enpoira son sen ce' st. ,M. m. bien
poira s. s. ce'.

ans.

1) **-andes** a. f. o. +**-antes** adv.: grans: ytans 64,10.
2) **-andis** a. f. +-antes:grans 195,18. **annos** sb.+-antes, -an(i)cium:ans 211,1. — 11,17.
-**antes** sb. pl. o. +annos,-andis: passans 211,2; — enians 195,17.
-**án(i)cium** sb. m. o. + annos:romanz 11,16.

ant.

1) -**andat** prs.i.+-andum sb.o.:commant 195,29.
2) -**andet** prs. c. +-ando ger.: demant 53,24.
-**ando** ger. +-andet, -ante, -antem, -antum.
-**anito** prs.i. +-ante adv. vant 107,15.
-**ante** adv. +-ando, -anito, -antem: devant 6,22. 67,12. 147,8. — 107,16. — 37,26. 99,27.
-**antem** sb o. +-ando, -ante, -antem a.v.m.o., -entem:167,24¹) -- 37,25 — 54,11. 60,28 — 108,4; — a.v.f. n. +-ante :vivant 99,26 — m. n. +m.o.: 78,17; — f. o.+-ando ger.: 69,21 — p. p. + -ando, -antes, -antum:7,20.155,12. 197,16.— 60,18. — 109,12.
-**antes** a. v. pl. m. n. +-antem p. prs.: pesant 60,19.
-**antum** adv. +-ando, -antem p.prs.: itant 77,4. tant 56,19. atant 155,23. — 109,11; quant 190,5.
-**entem** sb. + -antem sb.:sergent 108,5.

ante.

-**antat** prs. i. +-inta num.: chante: soiseante 209,23.

arde.

-°**arda** sb., a. +-°ardam : musarde51,12; coarde 33,15.
-°**ardam** sb.+-°arda, -°ardat, ard(e)at garde51,13. 33,14. — 21,14. 29,17 86,17. — 203,25.
-°**ardat** prs. i. +-°ardam: garde. ard(e)at prs. c. +-ardam: arde 203,2

arge.

-**arga** a.f. +-arricam sb. large : charg 78,11.

ars.

-**arros** sb. +-**artes** sb. chars:ars 40,5.

art.

-**artem** sb.f.+ardet, -aeret, -artit prs i.:part:art 13,8. aart 203,28. par 131,28.

artres.

-**arceres** sb. f.+-°arnotes : chartres15,3,
-°**arnotes** sb. + -arceres , -artulas
-°**astrus** : Chartres.
-**artulas** sb. +-°arnotes:chartres 18,12 129,2.
-**astrus** sb. +-°arnotes: emplastres13,2

as.

1) -**abes** prs.+-asti prt.:as:donas139,6
2) -**assum** sb. + -assus sb. pl. o.:pa 52,23.

asse.

1) -**aceam** sb.+-assa:boiasse:lasse44,12
-**apsa** sb. n. +-assat:chasse 28,2.
-**apsam** sb.o. +-assat, -assem, -ateam 20,8. 116,11.170,26.— 123,27.— 171,14
-**assat** prs.i. +-apsa, -apsam: passe 28,1 — 20,17 etc.
-**assem** impf. c. +-apsam.

---

1) *paysant*; wohl Suffixvertauschung anzunehmen, *antem* für *anus*.

steam sb. +-apsa : masse.

au (vgl. al, el).
Hem a.f. o., m. o. +-**ellum** sb. o. : reau,
leiau : fleiau 179,27. 159,31.

aume [iaume].
ʒlmum sb. +-*elmus: hiaume : Guillaume 84,28.

aumes [eau, iau].
lmas, -*elmos sb. +-elmus : paumes : Guillaumes170,15. hiaumes : Goussaumes 181,26.

aus (iaus).
-aculos sb. +-ĭculos a. : fermaus : vermaus 40,13.
-alis a.m.n. +-illos sb. : leiaus : seiaus 138,6.
-altus a. m. n. +-*illus sb. : hauz : consaus 192,25.
-ellos sb. + -ellus sb. : moraiaus : vessiaus 115,14.

aut.
it prs. + -altum sb. asaut : saut 133,19.

aute.
itam sb. +-altum a. : faute : haute 10,2.

aux (eaux).
es a. m. n. pl.+-ellos sb.: paroissiaux : ropeaux 41,12.

e.
em sb. f. a. +-atem sb. f. n.: 23,11. 30,15 ; — +-ati, -atum, -atus.
p.p. +-atem-, -atos, -atum, -atus.
os p.p. +-ati, -atum, -ĕum 30,7. — 26,14. — 29,31.
tum sb.+ p.p. : le 86,31 ; pense134,25. — 18,21. 197,24.

Ausg. J. Abh. (Fölster).

-**atum** p.p.+-atem. -ati, -atum, -atus, -eum 16,23. 38,18,30. 42,16 etc. — 43,27. 60,27 etc. —18,22. 87. 134,24 etc. — 8,10. 129,23. 134,10 etc. — 12,2 156,13.
-**atus** p.p.+-atem, -ati, -atum, -ĕum 126,18. 135,9 etc. — 37,30. 71,28 etc. — 8,11. 129,4; 54,23.
-**ĕum** sb. +-atos, -atum, -atus : de.

ee.
-ata sb. +-atam : renommee 61,11 etc.; +-atat: pensee133,15 ; — p.p.+-atam sb. 64,31 ; + — 10,21. 42,17. 100,28 ; +∞ : 4,24. 5,31. 9,15. 15,31. 122,29 etc.
-atam sb.+-ata sb. 61,12 ; +— p.p.: ahee 65,1 ; +∞ : 14,10. 28,31. 144,25 etc.; — p. p. +-ata; +∞ : 1,3. 7,3. 21,16. 27,20 etc.
-atat prs. i. +-ata : agree 133,16.

ees.
-adas sb.+-atas p.p. : espees : escoutees 182,9.

egne, eigne.
-egnat prs.i.+-egnum sb.: regne : reigne 42,1.

eil.
-īlio prs. +-ĭlium sb. : conseil : conseil 131,19.

eille, oille.
-īculam sb. + -ĭgilet prs. : oreille : esueille 8,23 ; — a. +-ĭlia sb. : pareille : merueille 176,6.
-īculat prs. i.+-ĭliam : sommeille 196,27.
-īculem prs. c. +-ĭliam : apareille 67,6.
-igilat prs. i. +-ĭliam : resueille 88,25.
-īliam sb. + -iculat, -iculem, -igilat, -iliat : merueille; meruoille 118,19.
-īliat prs. i.+-iliam : meruoille 118,20.

1*

eindres, endres.

-ineres *sb.* -*ínores *a. m.* : cendres : meindres 177,8.

einent.

-*inant(ur) *prs. i.* +-*in(g)unt *prs.* : meinent : ateinent 78,21.

eite, oite vgl. *este u. ete.*

-acta *a.* +-ecta *a.* : contreite : droite 46,7.
-actam *p. p.* +-icta, -ittam.
-ëta *sb.* +-*it(t)at *prs. c.* : seite : meite 191,21.
-*ettam *sb.* +-itta *sb.* : chareite : Breite 103,16.
-icta *p. p.* +-actam : detreite 208,1.
-ittam *sb.* + -actam : filleite 53,29. meschineite 100,21 : feite, treite.

eitre, estre.

+it(t)era *sb.* +-*it(t)ere : leitre : meitre 101,23. mestre 59,16.

el.

-ale *adv.* +-are *sb.* : autel : autel 116,2.
-alem *sb. m.* +-alem *a. f.*, -alis, al(i)ud ; +-alem *a. m.* : chastel, otel : tel 70,30. 135,30.
-alem *a. f.* +-alem *sb.* : tel 51,22.
-alis *a. m.* +-alem *sb.* : tel 64,2.
-*al(i)ud *a.* +-alem *sb.* : el 204,15.

elle.

-ella *sb.* +-ellam, -illam : pucelle 21,27. — 198,19. vertevelle 29,25 ; — *a.* +-illam : belle 14,14. 137,10.
-ellam *sb.* +-ella, -ellat, -illa, -illam ; — *a.* + -illam : nouelle 8,31.
-ellat +-ellam : apelle 6,30. 163,7. chancelle 150,3. 159,13.
-illa *sb.* + -ellam, -illam : ancelle 70,21. — 107,14.

-illam *sb.* +-ellam : essele 122,16 ; — *pron.* +-ella, -ellam, -illa 4,17. 198,19. 8,30. — 107,13.

emble.

-imilat + -ímul *adv.* : resemble : ensemble 9,2. 50,12. 96,16. 124,19.

embre.

-*embri *sb.* + -ëmorat : membre : remenbre 51,10. 134,7.
-embrum *sb.* + ěmoro : septembre : membre 211,3.

ende.

-endat *prs. c.* +-endam *sb.* : deffende : offrende 112,4. 120,26 ; tende : offrende 132,14 ; descende : amende 206,7.

endre.

-endere *inf.* +-ěneram, -inerem ; + ∞ : 31,18. 43,21. 49,22 etc.
-ěnera *a.* +-ínor *a.* : tendre : mendre 86,25.
-ěneram *a.* + -endere : tendre 8,29. 115,13.
-ínerem *sb.* + -endere 13,14. 17,25. 129,31.

ens, enz.

-empus *sb.* + -ensus *sb.* : tens : sens 164,18.
-entes *sb.* +-intus : dens : dedens 3,22.
-*entos *sb.* +-intus : vestemenz : dedenz 176,2.
-*unm-s +-ensus : suens 211,17.

ent.

-endit *prs.* +entem, -entum : estent 206,26 ; descent 132,9.

-enitum a. +-entem: gent 102,25. 122,14.
-ente adv. + -entem, -entit, -ento, -entum +∞: 17,19. 25,30. 32,5 etc.
-entem a. m. + -endit : omnipotent 206,27; -*ente 9,11; +-entum: present 126,19; — sb. n. +-ente 185,23; — sb. o.: gent 165,3. 182,27; +-enitum 102,26.
-entit prs. +-ente: ment 116,10; sent 153,9; +-entum.
-ent(i)o prs. +-entum: sant 156,31.
-ento prs. +-ente: dement 110,18.
-entum num. +-endit: cent 132,8; — sb. +-ente, -entem, -ent(i)o, -entit: torment 3,17; remenbrement 126,20; medecinement 156,30; nuisement 153,10.
-inde adv. +-entum : souuent 138,17. 171,11.

ente.

-enditam sb. +-entam sb.: rente, vente: vessellemente 25,23. 40,17; +-entat: vente 70,27.
-enita a. +-entat: gente 192,5.
-enta a. +-entat, -entita: dolente 159,5. presente 158,21.
-entat prs. i. +-enditam, -enita, -enta: demente.
-*entitam sb. +-enta: consente 158,22.

entre.

-entrum sb. +-intrat : ventre : entre 128,9.

er.

-are sb. +-are, inf.: mer 2,6. 140,18.
-are inf. +-are, -arem, -arum +∞: 2,8. 4,30. 5,3. 7,25 etc.
-arem sb. + are: bacheler 84,5. 85,5.
-arum a. + are: amer 89,30. 132,7.

ere.

-aram a. +-atrem: aucre 134,15.
-aram a. +-atrem: amere 61,26.
-*ar(e)at prs. c. +-atrem: apere 25,5. 55,12 ; compere 33,23.
-ater sb. m. +-atrem sb. f. o. : pere 17,22. 38,12. — sb. f. +-ara, -aram: mere.
-atrem sb. m, +*ar(e)at; — sb. f. o. +-aram, -ar(e)at, -ater, -*er(i)am: mere.
-*er(i)am sb. +-atrem : misere 200,9.

erent.

-erunt prt. +-erant impf.: 20,11. 102,25. 109,4 ; +∞: 10,10. 16,11. 28,7. 30,4 etc.

erre, (eirre, oirre).

-aerere inf. +-erram, iter : querre 109,1.
-*erra sb. +-erram : guerre 143,12. 144,28.
-erram sb. +*-erra, -aerere, -itrum. iter sb. o. +-aerere, -*itrus: erre 156,4. — 84,16.
-itrum sb. + -erram ; veirre 49,17 ; voirre 53,18.
-*itrus sb. + iter : tonerre 84,15.

ert.

-aeret prs. + erat: ahert 98,23.
ĕrat impf. +-aeret, -ertum, -ertus.
-erdit prs. +-ervit prs.: pert: sert 87,8. 205,23.
-ertum sb. + erat : desert 71,18. haubert 122,3; +-ertus: desert 72,15 ; — a. +-erut : espiart 35,15. apert 185,9; — p.p. +-ertus: couert 112,20.
-ertus a. +-ertum: espert 112,21 ; — 72,14; — p.p. +-erat: descouuert 82,1.

erte.
-erditam *sb.* +-erta *a.*: perte:certe177,2.
ertes.
-erditas *sb.* + *ertas *adv.* : pertes : acertes 22,5.
es.
-ascem *sb.* +-essus *a.*: fes: confes 84,31.
-essum *adv.* +-es: pres: Agnes 158,27.
esche.
-*iscat ¹) *prs. i.* + -*eticam *sb. f.*: empeesche: Marceiche 162,28.
euse.
-ōsa *a.* +ōsam *a.*: 21,12. 32,1. 150,23.
eux.
-ōsus *a.* +-*ōs:merueilleux:deux167,21.
ex.
-*ales *sb. n.* +ales *a. n.*: autex: autex 47,11.
-ales *sb o.* + alis: chatex: tex 26,17.
ez, es vgl. *e.*
1) -ati *p. p.*+ -atis 31,14. 68,29. 93,10.
-atis *adv.* +-ati, -atos, -atus.
-atis, -*atis *prs. i.* +*imper.*: 75,1.187,24; +-atus: 202,6; — *imper.* + -atus.
-atos *p. p.* +-atis *adv.*
-*atos *sb.* +-*ectos: ales: les 91,26.
-atus *p. p.* + -atis *adv.*, *prs. i., imper.*: 102,1.136,20.202,7.—14,26.85,15,16.
2) -*actos + actus *p. p.* : meffez : deffez 23,6.

3) -itidos *a.* +-ittos *sb.*: nez: chenez 195,13.

i.
-c]ēdem *sb.* + -ic, -īti: merci 9,14. 165,9; — 171,23.
-ĕdium *sb.* +-ici *sb.* +-ici *sb.*: mi: ami 143,20.
-ic *adv.*+-c]ēdem:ci 9,13. 165,8; +-*īvit: ainsi 12,29. 49,2. 160,30; autresi 53,15.
-īco *prs.* +-*īem, -*ivit: di 45,19. 150,17. — 9,20. 15,20. 166,30.
-iem *sb.* + -ico, -īvit : samedi 45,18. 150,18. — 160,21.
-iti *p. p.*+-c]ēdem, -ītum, -ivit: 171,24; 124,11; 106,21.
-ıtum *p. p.* + -iti, -*ītum *sb.*
-*ıtum *sb.* +-ītum: Joī: 155,5. 202,10.
-ivit *prt.* +-ic, -īco, -*īem, -īti, -ītum : eissi 12,29. 53,24 etc. essi 37,23. respondi 9,19. 15,19; eclardi 37,23. resplendi 106,22... etc. +∞:10,42,7. 36,8. etc.

ible.
-*ībilis *a. m.* + -ipulat *prs.* : horrible : trible ²) 64,5.

ice.
-*ĕciam *a.* + -ītiam : nice 34,14. 49,4.
-*ıcium *sb.* + -izza *sb. f.*: office: espice 43,9 ³).

1) Statt *impedicare* möchte ich *impediscáre* hier als Etymon ansetzen.
2) Auffallende Schreibung, die offenbar nur dem Augenreim zu Liebe eingetreten ist.
3) Dieses sehr interessante Wort = ahd. *spizza* dürfte bisher in altfrz. Denkmälern nicht gefunden sein; wenigstens kennen es die verschiedenen Lexica in dieser Bedeutung »Spitze« nicht, die es doch unzweifelhaft hat:
De pies de talons ne despice
Ne poeit aler ne venir
Sollte vielleicht in unserm Gebiet das Fränkische sich länger gehalten oder auch das Normannische noch nachgewirkt haben?

-itiam+-*ŏcium, -*ītium : mallico 34,13.
— 134,20. norrice 44,8.
-*ıtium + -ītiam : vice 134,21.

ices.
-*icias + -ītios: delices : vices 128,6.

ie.
-ĕcat +-īcam, -ita, -*iat, -itam : prie 115,3. — 63,1. — 124,6. — 58,10.
-ēna + -īta : serie¹) 151,28.
-ia sb.+-*īam, -ītam, -itat:sonerie 203,10. — 165,17. 184,10. espie 114,25; Marie 191,25.
-iam sb. + -ia, -īcam, -īcat, -īgat, -ītam, -ītat.
-*iat prs. i.+-ŏcat, -ītam : umilie 124,5; tesmoignie 106,5.
-ĕdia a. + -ītam : demie 69,18.
-icam sb. + -ŏcat, -iam, -igat, -īta : mie 115,2; amie 76,27. 130,24. 137,26. — 151,20. — 172,16. — 111,28; — prs. c. +-iam, -ītam : die 67,8.190,21. — 157,28.
-*ıcat prs. i. + -iam : charie 195,4. senefie 87,28; — prs. c. + -iam : die 153,2. 166,3.
-idat prs. i. + -iam, -itam : mercie 79,29. fie 57,29.
-igat prs. i. + -iam, -icam : chatie 132,28. — 151,21.
-ita sb. + -ŏcat, -īcam, -ita : aīe 69,18. 172,17. - 41,3. vie 100,2; — a v. + -itat : esbahie 123,14; — p. p. + -ēna, -īcam, -ita.
-*ıtam p. p. + -ia, -idat : acomplie 114,24; — sb. +-*iat, -itat, -īcam : partie 106,5. — 126,23. haīe 157,10.

-itat prs. i. + ia, -iam : ita, -itam : crie 191,26. — 191,13; escrie 126,22. — 123,15.

ient.
-ĕcant + -ıcunt + -*ıtant : prient : dient 62,27. prient : crient 191,20.
-ıgant + -icunt : chastient : dient 52,15.

ié.
-iet]atem sb. n.+-ct]atum: moitié 65,15; — sb. o. + -ct]ati, -ct]atum : pitié 70,17. 71,10. — 199,29.
-ct]ati a. v.+-ie]atem :afeitié 70,16. 71,9.
-i]ati a. v. +-c]atum, -i]atum, -i]atus : targié 103,20; esleescié 76,9; courrocié 94,10.
-c]atum + -c]atum p., -c]atus : pechié 190,6. marchié 153,23. euechié 59,15. — 152,4. 185,14; — p. p. +-c]atum, -i]ati, -i]atus.
-e]atum sb. +-i]atum p. p. : congié : songié 146,29.
-ct]atum p. p. +-iet]atem, -i]ati :espletié 65,14. degetié 199,30; percié 76,10.
-c]atus p. p. + -c]atum : entechié 152,5. 185,13.
-i]atus + -i]ati, -c]atum : blecié 94,10; cachié 139,22.

iece.
-*ĕtium sb. + -*ĕtiat: piece : despiece 193,3.

tée.
-i]ada sb. + -c]ata, -gn]atam : coigniee 93,23,28.
-adat prs. c. +-c]atam : ch[i]ee 210,30.
-c]ata+-cc]ata p. p. : dougiee : touchiee

¹) Et la lune luiscit serie.
Hiernach passt sowohl serenus als secretus als Etymon.

121,28; — *p. p.* + -i]adu, -cl]ata,
i]atam : encruchiee 93,24. domagiee
25,6. dellee 122,28.
-cl]ata *p. p.* +-c]ata : appareilliee 25,7.
-c]atam + -adat : cerchiee 210,31.
-gn]atam + -i]uda : enpoigniee 93,27.
-i]atam + -aeta *a.* : hetiee : liee 47,17.
55,5 ; +c]ata *p. p.* : perciee 122,27.

ief.
c]aput + c]aput *adv.* : chief : rechief
80,5.

ien.
1) c]anem + -ëne : chien : bien 191,31.
2) -amen *sb.* +-ch]ani *sb.* : lien : parroissien 174,10.

iens.
-i]anes+-git]anus : Oliens : loingtiens¹)
74,1.

ient.
-ĕnet *prs.* +∞ : sostient : ti[ent 200,24²).

ier.
-cc]are *inf.* +-i]are, c]arum : approchier
82,10. 199,26 ; touchier 121,2.
-c]are+-*arium, c]arum : chargier 78,6.
herbergier 136,22 ; couchier 136,18.
venchier 163,31.
-ct]are + -ĕr(i)um : anuitier 93,11.
-gl]are + -i]are : veillier 155,8.
-gn]are + c]arum : estanchier 76,20.
-i]are + -cc]are, -gl]are, -arium : conseillier.
-arium *sb.* +-i]are, -ĕgrum, -ĕr(i)um :
chancelier 187,13 ; sentier 82,29 ;
destrier 125,16 ; —.a.+-c]are : legier
78,78. 136,23.

c]arum *a* + c]are, -gu]are : chier.
-ĕgri *a.* + -ĕr(i)um : entier 75,3.
-*ĕr(i)um + -ct]are, -ĕgri : mestier
93,12. — 75,2.
-ĕrum *a.* + -arium : fier 125,17.

iere.
c]ara *a.* + -ariam : chiere 14,28.
c]aram *sb.* + -ĕtro : chere 8,8. 78,28.
chiere 59,8.
-ariam *sb.* + c]ara, -ĕgra, -ĕrut, -ĕtro :
priere 14,29 ; maniere 36,12. 153,17.
— 181,30 ; riuiere 60,4.
-ĕgra *a.*+-ariam : entiere 36,13. 153,18.
-ĕrat + -ariam : yere³) 181,30.
-ĕtro + -ariam, c]aram ; arriere 60,5.
— 8,9. 59,8. 78,29.

ierre, erre.
-adrum *sb.* + -ĕtra *sb.* : querre : pierre
86,29. ; *vgl.* ere.

ieres.
-ĕtro-s + -arias, -ĕgras : arrieres :
prieres 149,18. derrieres : perrieres
180,8 ; arrieres : entieres 94,15.

ierres.
-ator-s *sb. m. n.* + -ĕtras *sb.* : curierres : pierres 84,21.

iers.
-arie-s *adv.* +-arios, -ĕgros : volentiers
31,4. — 26,1. 85,30.
-arii+-arios : deniers 31,17. prisonniers
145,12.
-arios + -arie-s, -arii : charpentiers ;
ouuriers.

---

1) Auffallende Schreibung ; doch sonst z. B. 42,24. : *-ain.*
2) Das *tint* wohl Druckfehler für *tient*, da sonst überall prs. im Satze.
3) Doch *ert* 155,28 u. *iart* 35,16.

-ĕgros + -arie-s: entiers.
-*ĕr(i)os + -ĕr(i)us: mestiers: mestiers 31,1.

iert (ert).
-aerit + -ĕrat, -ĕrit: quiert: ert 155,27. afiert 210,15.

ieue.
-*ĕvat + -*ĕva: grieue: grieue 162,11.

iéz, iés.
-c]atis *prs.i., c.*+-i], -c]atus *p.p.*: priés, diés: bleciez, conchiés 15,7. 195,24.
-jl]atis *impr.* + -cl]atos : bailliez : trauailliez 74,27.
-gn]atis *impr.*+-e]atis *prs. c.*: daigniez: preigniez 75,24.
-i]atos *sb.* + -c]atus *a.* caleforchiés: trenchiez 89,4.

ignes.
-*ignos *a.* + ymnos: enterignes: hymgnes 41,21.
-ignos +-ignus: signes: benignes114,3.

il.
-iculum + -ilius: peril: fil 29,11.
-ilium + illi: fil: il 192,26.
-ille + illi: mil: il 199,13.

ile, ille.
-*ĕlium *sb. o.*+-*il(i)a: esuangille71,22; — *sb. n.* + -*ila: euangile : nobile 54,28.
-iculet *prs. c.* + -iliam: perille 99,21.
-*ic (il)lum + -*il(i)um: di le 193,30.
-ilat *prs.* + -iliam: avile 193,24.
-iliam *sb.*+ -iculet, -ilat, -illam: fille, morille, vegille.

-*il(i)a + -*ĕlium, -illam: mile 71,7. 193,6.
-*il(i)um *n. pr.*+-*ic (il)lum, -illam: Gile.
-illam +-*il(i)a, -iliam, -il(i)um: vile 48,25. 97,25. — 193,7. — 103,1.

ime vgl. isme.
-imam + -issimam: rime: seintime1,17.

in.
-inem *sb.* + -inum: fin 203,24.
-ino *prs.* + -inum: deuin 118,25.
-inum *sb.* + -inem, -ino, -inus: vin.
-inus *sb.* + -inum: orphelin 35,7.

ine.[1]
-*icunam *sb.* + -inam: narrine 3,14.
-iginem *sb.* + -*inat: orine 197,31.
-ina *sb.* +-ina, -inam, -inat: doctrine 63,3; pierine 84,13. puasine 191,18.
-ina *a.* +-ina: corine 63,4.
-inam *sb.*+ icunam, -ina: aarsine 3,13; ruine 84,14.
-inat *prs.* +-iginem, -ina: orine 198,1. fine 197,17.

ines.
-inas *o.* + -inas *n.* : voisines : deuines 177,24.

int.
-ēnit *prt.* + -inti: vint: vint 195,7.

ir.
-c]ēre *inf.* + -c]ēre *sb.*: gesir: plaisir 136,5. 95,8.
-*yrum *sb.*+-ire : martir: partir173,29.

ire.
-*ĕjorat (n. Such., Cornu) + -ĕrium,

---

1) Bei diesem Suffix sind die vielen seltenen Wörter bemerkenswert : *corine* herzlich; *pierine* Gemäuer; *puasine* Gestank; *aarsine* Brand.

-icere, -*irat : empire 210,27. --
196,21. — 51,30.
-*ĕ(n)ior sb. n. + -icere : sire¹) 48,24.
-*ĕcere + c]ēram, iram : soffire²) 7,29.
— 43,17.
c]ēram + -ŏcere, -icere : cire 7,30. —
207,24.
-ŏriam + -ibere, -icere : matire 17,13.
55,17. 82,15. - 2,18. 63,8. 107,12.
112,16.
-*ĕrium + -ĕjorat : empire 210,28.
-*ĕricum + -icere : mire 201,6.
-ŏrium + iram : cimetire 157,5. 186,29.
-ibere + -ĕriam : escrire 17,14. 55,16.
83,14.
-icere inf. + -ĕjorat, -ŏ(n)ior, c]ēram,
 -ĕriam, -idere, -irium : dire.
-idere + -icere : rire : despire 181,10.
-ire (?) + -ŏriam prs. c. : muire : muire
192,15.
iram +-ŏrium, -ŏcere : ire 157,6. 186,28.
43,18.
-irium + -icere : martyre 9,18.

irent.

-*ŏcerunt+-*iderunt, -*iserunt, -*ive-
runt 77,11. 174,8. 201,12. — 182,4.
— 8,2. 26,8. 80,13. 188,4 ; obeīrent :
feīrent*) 209,16.

is.

-ŏcem + -isum : dis 193,28.
-*ĕcium + -itus : tapis 87,3.
-*g]ēse sb. + -icus, -ivus : païs 179,12.
211,12. — 112,17. 121,18.
-*ĕsi p. p. + -ēsum, -ĕsus : pris 74,7.
93,3. — 28,6.

-*ēsum + -ĕsi, -ĕsus, -ŏtium.
-*ēsus +-ēsim, ĕsum, -ŏtium : 28,5. –
12,17. 12,17. 185,8. — 125,6.
-ĕtium + -ēsum, -ĕsus : pris 102,9. —
125,5.
-icem + -itus : empereriz 192,30.
-ici + -isum : amis 42,12.
-icos + -isum, -isus : 5,23. 45,30. —
144,23.
-icus + -ēse, isum : Loïs 179,23. 211,11 ;
amis 131,17 137,30.
-iso + isum : deuis 3,30. 51,20.
-isum sb. + -ĕcem, -iso, -ivus, -i(u)s :
paradis : vis ; — p. p. + -ici, -icos
-icus, -iso : 52,11. — 5,24. 45,30. —
131,18. 137,29. — 8,29. 51,21.
-isus p. p. + -icos : 144,24. 186,20.
-itus p. p. + -*ĕcium, -itus n. o.
87,2. — 57,19. — 50,22 ; — sb. pl.
n. + -itus : esperiz 57,18 ; — sb. pl.
o. + -itus : esperiz 50,21.
-ivus+-g]ēse, -isum : naïs 112,16. 121,17.
140,22 ; vis 109,21.
-*i(n)s adv. + -isum : jadis 1,10. 77,13.

ise.

-ēsa + -*ĕsiam, -isiam : 17,24. 32,12. —
180,24.
-*ŏsiam +-ēsa, -isam, -isa, -isam, -itiam,
*isat : eglise.
-ŏtiat + -*isat : prise 131,4.
-isa, -*isam p. p. + -ŏsiam : 22,8. —
15,16.
-isiam sb. +-*ŏsiam, -*itiat : guise116,9.
deuise 141,23 ; guise 202,30.

---

1) Vgl. Schulzke : Betont ĕ+i u. ŏ+i im Norman. S. 13.
2) ibid. S. 14 ; — 71,26 hier : *soffire : mere*.
3) Diese Form würde zu Thomsens Annahme stimmen (Rom. V, 64 :
ŏ+i en fr.).

-isat + *ĕsiam, -ĕtiat, -isiam, -itia:
deuise 39,12. 128,16; atise 131,3. —
179,4. — 151,19.
-isiam + -ĕsa, -*īsat, -ītiam: chemise
180,23. — 179,5. — 20,27 121,6.
-*ītia + -*īsat: conoitise 151,8.
-*ītiam + -ĕsiam, -īsiam: feintise.
-*ītiat + -īsam: iostise 202,31.

isent.
-isant + -issent: deuisent: auenissent
106,7.

ises.
-*isas p. p. + -ĕsias, -īsias: mises:
iglises 208,15. — chemises 121,1.

isme.
-ipsimam + -issimam: meïsme: sentisme 52,7.

ismes (imes).
-īmus + -ipsimas, ipsimus: primes
88,28. — 154,30.
-ipsimas + -īmus: meismes 88,27.
-ipsimus + -imus, -*ixlmus 154,31.
— 73,23.
-ipsimus + -issimas, -issimos 142,1.
— 42,19. 48,22.
-*iximus prt. + -ipsimus: deïsmes
73,24.

ist.
j]acet + -iste: gist: cist 14,21.
-ĕsit + -isit: prist 50,1.
exit prs. + -isit, -iscit: ist 199,23;
— 191,26.
-iscit + exit: gemist 191,25.
-īsit + -esit, exit, -isset: requist 199,24;
— mist 50,2; — obeist 34,20. esbahist
99,13. mist 117,1. sist 44,1.
-isset + -isit: cloist 34,19. vossit 46,31.
veïst 99,12. vomist 116,31.

Ausg. u. Abh. (Fölster).

istrent.
-ēserunt +-*ixerunt: pristrent: beneistrent 168,16.
-iserunt + -ixerunt: remistrent 76,31.

istes.
-istes + -istis: tristes: venistes 172,14.

it.
-ĕctum sb. + -idit: lit 200,15.
-icit + -īdit: dit 66,31. 205,11.
-icti + -īotum p. p.: 75,22. 107,10.
-īdit + -ĕctum, -icit: vit.
-ipsit + -iptum sb.: escrit: escrit 18,3.
-iptum + -istus n. pr.: escrit: Crist
20,18. 73,19.
-iptus + -istum: escrit: Crist 171,29.
-*itti a. +-ictum p. p. petit: dit 67,19.

ite.
-ĕcta + -*ittam: desconfite: petite
177,16.
-icta + -ipta p. p.: 27,6. 80,23.
-iptam + -*itta: escrite: petite 54,15.

ites.
-*itas prs. + -*ites: aquites: merites
133,13.

iue.
-*īpat prs. i. + -ivam: eschiue: chaitiue 6,4.

iure.
-ebrius + -iber: iure: deliure 146,27.
-ibera a. + -īvere: deliure 53,21.
-īberam a. + -*ībrum: 46,16.
-*ībrum +-īberam, -ivere: liure 46,15.
— 77,26.
-ivere + -ibera, -ibrum: viure 53,20.
77,27.

iures.
-ēbrius + -īber: iures 201,24.

2

-īber + -ēbrius, -iber:deliures201,23.
— 120,13.
-*īber sb. + -īber, -ībras:liures 120,14.
— 18,17.
-iberi a. + -ībras: deliures 145,15.
-ibras sb. + -*īber, -ibari: liures 18,18.
— 145,14.

oble.

-*ŏbilem sb. + -*obilem a. : mueble:
noble 27,25.
-ŏpolem + -*ŏbilem :Constantinoble:
noble 180,27.

oeue, ueue.

*īduvam + -ŏpat, -*opo:vueue:troeue
206,31. trueue 77,14.
-ŏba a. + -*ovat: proeue: esmoeue162,3.

oeure, ueure.

operam + -ŏperat, -ŏperi *imperat.*,
-ŏpero: oeure : oeure 54,29. 37,10.
25,13;descueure160,9; cueure154,21.

uer.

-ŏr sb. + -ŏris:cuer: despuer 37,5.[1])

uet.

-*ŏpet + -ŏtet:estuet: puet 194,25.

oër, er.

-*ŏrium sb. n. + -*ŏrium o.:miroër:
terroër 23,12; + -are:ouroër: ioër
55,24.

oi, ei, ai.

1) -acum + ēgem: verai 44,6.
-*ēdum + -ēgem:desroi 179,15.
-ēgem + -acum, -*ēdum:roi 44,7. —
179,14.

2) -ago + -ē: esmoi: moi 65,3. 169,6.
3) -ēbeo + -ēcum, -igitum: dei 112,8.
doi 101,24.
-ēcum + -ēbeo: Soudei 112,9.
-īgitum + -ēbeo: doi 101,25.

oie vgl. aie.

-acam sb. + -īam:poie 40,22.
-*audiam + -ēbam, -ētam, -īam, -īcat,
-īdeat: ioie 193,29. — 10,6. — 62,17.
80,9. — 30,9. — 174,4.
audiat + -īdeat: oie 48,12.
-ēbam *cond.* + -īam: feroie 194,21; —
impf. + -audiam: esperoie 193,29.
-ētam a. + -audiam:coie 10,7.
-īa *impr.* + -īam: envoie 197,3.
-iam sb. + -acam, -audiam, -īa, -īat,
-īd(e)at.
-īat + -īam:57,31. 66,10. 97,7.
-īcat + -audiam: lermoia 30,10.
-īd(e)at + -audiam, audiat, -īam:
voie 174,5. — 48,10. — 56,15. 135,12.
186,4.

oient, aient.

-*abeant + ēbant:aient 38,25.
-agant + -īdent:esmoient 13,16.
-*ēbant *impf.* + -ēbant *impf. u. cond.*
11,2. 22,10. 40,6. 60,9. etc. 147,4.
-ēbant *impf.* + -*abeant, -*ēbant,
-ēbant 38,24. — 11,3. 22,9. 40,7.
60,8. — 70,29. 103,5.
-ēbant *cond.* + -ēbant, -*ēbant.
-īant + -ēcant, -ēdunt: soient: proient
197,17. saient: craient 38,20.
-īdent + -agant, -ēbant: voient 13,5.
— 82,7.

---

[1]) Seltene Form für nfrz. *dehors*; La Curne d. Ste-Palaye kennt dieselbe nicht; Godefroy auch nur in diesem einen Falle.

oies.

-*audias *sb.* + -ĭas *sb.* : ioies : voies 133,28.
-ēbas + -ĭas *sb. n* : cheminoies : voies 162,15.
-ĭas *prs. i.* + -ĭas *p. c.* -ĭas *sb.* : enuoies 155,14. — 192,22.
-ĭas *prs. c.* + -ĭas, -*ĭd(e)as : soies.
-ĭd(e)as *prs. c.* + -ĭas : voies 138,5.

oigne.

-*ongiam *sb.* + -ōniam, *onii : aloigne 193,18. — 25,29.
-ongĭat + -*ŭniam : esloigne.
-*ŏnii + -ongiam : chanoine 25,28.
-ōniam + -ongiam : charoigne 193,17.
-*uniam + -ongiat, -*uniat, -undiam, -besoigne 63,11. — 11,11. 25,24. — 153,27.
-*ŭniat + *ŭniam : besoigne 25,25.
-undiam + *ŭniam : vergoinne 153,28.

ointe.

-ognitam + unctam : acoiñte : ointe 132,18.

oir.

-ēre *inf.* + -ēre *sb.*, -ērum, *sb*, u. *a.*
-ēre *sb.* + *a.* : manoir 1,3. auoir 18,19. sauvoir 70,7. nōnchaloir 197,25. ardoir 167,23.
-ērum *sb.* + *a.* + -ēre : voir 35,26. 46,19. — 9,21. 10,21. 10,16.

oire vgl. aire.

-ēdere + -ēra : croire 18,5.
-ēra *sb.* + -*yterum : voire 157,19 ; — *a.* + -ēdere, -ŏriam : voire.
-ēram + -*yterum, -ŏriam.
-ērat *prs. i.* + -*ŏriam : espoire 194,12.
-ŏria + -*ŏriam : estoire 203,16.

-ŏriam + -ēra, -ēram, -yterum : mémoire 66,27. 96,25. — 174,21. — 41,18.
-*ŏriam + -ērat, -yterum, -ŏria : gloire 194,13. — 204,7 ; tempoire 203,15.
-*yteri + -*ŏriam : prouoire 41,17.
-yterum + -ēra, -ēram, -*ŏriam ; 85,3. — 97,12. 159,20. 208,10. — 157,20. — 204,6.

oirre vgl. erre.

-ītrium + -ītrum : auoirre : voirre 54,22.

ois.

-*ēctos + -igitos : drois : dois 190,3.
-ēsum + -īsos : pois : pois 175,17. 196,4.
-īces + -ides : fois : fòiz 196,29.

oisse.

-*oscam + -ustiam : troisse : angoisse 65,9.

oissent.

-oscunt + -ustiant : cornoissent : angoissent 202,28.

oistre.

-austrum + -*ēsor : cloistre : anchoistre 202,2.

oit (eit, et).

-*ēbat *impf.* + -ēbat *impf.* 9,3. 23,22. 53,3. 51,26. 129,19 etc.
-ēbat *cond.* + -*ēbat *imp.* -*ēctum 96,1. — 147,20.
-ēbet + -ĭgĭtum : 189,29.
-ēcte + -ēctus : orendroit : droit 91,15. 168,18.
-ēctum + -ēbat : endroit : vendreit 147,21.

ole.

-*aulam + -ōlam, -ōlat : parole 113,14. — 136,2.

-ŏlem+-*aulam, -ollem : escole 136,3. — 131,14.
-ŏlat + -aulam : vole.
-ollem + -ŏlam : fole 131,13.

omme, ome.

-ōmam + -ōminat : Romme 24,12.
-ōminat + -ōmam, -ŏminem : nomme 24,11. — 89,1.
-ŏminem +-ōminat, -ōmodo, -umma : (hom(m)e 200,17¹). — 152,9. — 88,29.
-ōmodo + -ŏminem, -omnum : comme 152,8. — 209,4.
-omnum + ōmodo : somme 207,3.
-umma + -ŏminem : somme 200,16.

on (en).

-amus prs.+-ōnem, -ōnum : 9,23.41,23. 59,26.148,29. 165,6.157,28. — 107,2 ; — *impf.*+-*amus *cond.* : estien 23,16; — *cond* +-amus *impf.* -onem : viurion 23,15.
-*ōmen *sb.* + -ōn: non : non 35,10. 200,7.
-ŏmo + -ōnem, -ōnum : hom 201,10. on 193,25.
-*ōne *adv.* + -ōnem : enuiron 198,29.
-ōnem *sb. m.* + ōne, -ōni : giron 190,28. centurion 111,18; — *sb. f. o.* + -*amus, -ōnem, -ōnes; — *sb. f. n.* + -amus, -ōnem, -onem. — 41,24. — 111,17. — 134,18.
-*ōni *sb. pl.* + ōnem, -ōnum : macon 101,27. brandon 105,17. — 105,11.
-onum+-*amus,-ŏmo, -ōni,-unum : ton 107,1. — 193,26. - 105,10. don 105,16. — 67,25.
-unum + -ōnum : Chetiaulandon.

onde.

unda *sb.* + -unda *a.* : onde 108,13.

-*unda *sb.* + -undam : aronde : ronde 125,29.
-unda *a.* + -unda, -undum, -undus : parfonde ; monde 4,8.
-undat + -undum : suronde 199,28.
-undum +-unda,-undat : monde 26,18. — 199,27.
-undus + undam : monde.

onge.

-ōnium + -omnium : menconge : songe 138,30. 148,19.

onne, one.

-ōna+-*ōn(i)um : persone : prone 168,26.
-ōnam+-ōnat : Peronne : donne 211,19.

ons.

-amus + -ōnes : 28,24. — 21,30.
-ōnes *sb. m.* +-amus, -onsos : lions 28,23. sermons 24,20; — *sb. f.* + -amus -*ōnem-s : 21,31. — 24,29. — 138,21. 23,31.
-*onem-s *sb.f.* + -ones : resons 23,30; — *sb. m.* + -ones : champions 138,20. saisons 24,30.
-onsus + -ones : semons 24,19.
-undus *sb.* + -undus *a.* : fons : parfons 56,7.

ont.

-abunt + -ŏnet : ont : semont 113,24.
-undus + -ontem : parfont : mont 98,9.

onte.

-omputat + -omputum : conte 54,18. 106,11.
-*omputum *sb* + -omputat, -ontat.
-*ŏnita *sb.* + -*ontat : honte 154,14.
-ontat+-omputum,-*onita : seurmonte 33,21. monte 154,15.

---

1) 101,27 *l.* : quil set nul home *st.* : quil nest nul home.

or.

1) -**aurum**+-**aurus**: or : tresor135,7 + ∞ 23,24.
2) -**ornum** *adv.*+-**ornum**,-**urrem**: entor : tor 183,11. — 105,2.

orce.

-***ortia**, -***ortiam** + -***ortiat**: force: esforce 153,7. — 134,28.

orde.

-**ord(i)am**+-**ordat**: misericorde: acorde 4,14. 124,17. 157,11.

ordes.

-***ordas**+-**urdas**: bordes: sorder 113,10.

orent.

-***abuerunt**+-***otuerunt**: orent: porent 10,8. 13,28. 71,1.
-**urrunt** + -**orant**, -**urrant** : corent: plorent 109,18. secorent 13,12.

orne.

-**ordinem** *adv.* + -***orna** : aorne : morne 57,1.
-***ornus**+-**ornat**: morne: destorne131,1.

ors.

1) -**oris** + -**oris**, -orpus : alors 60,1. — 188,6.
-**orcus** + -orpus : pors 190,9.
-**oris** *adv.* + -**oris**, -orpus 60,2. — 50,27. 61,31. 162,13. 190,30.
-**orpus** *sb. o.* + -**oris**, -**oris**, -orcus.
2) -***ortus**+-**ortuos**: effors : mors204,16.

ors.

-**urdus** *a.* + -**ursus** : sors : Sors 167,19.
-**ursus** *sb.* + ∞ cors : secors 169,29.

ort.

-**ortem** *s.* +-ortem *a.* -ortui, -ortuus: mort 126,10.— 28,29. — 85,19. 86,12.

-ortem *a.* +-ortem, -ortum : fort126,12. — 141,13.
-**ortes** + ***ortos**: forz: efforz 74,9.
-**ortui** + ortem: mort 28,30.
-***ortum** *sb.* +-ortem, -ortes, -ortuus: confort 141,12. effort 170,5. 84,26.
-**ortuus** + -ortem, -ortum, -urgitem.
-**urgitem** + -ortuus : gort 53,13. 58,20.

orte.

-**orta** + -**ortat**: porte : porte 1,7.
-***ortat** +-**ortua**, conforte: morte 4,10.

oste.

-**austat** + -**ostam**: oste: coste 76,12.

ostres.

-**oster-s** + -**ostulus**: nostres : apostres 38,11.

ot.

-**abat** + -**abuit**, -***ottum** 59,22. 78,7. — 112,13. 147,13.
-**abuit** + -**abat**, -**apuit**, -***ottum**.
-**acuit** + -**otuit**: plot: pot 45,14.
-**apuit** + -**abuit**: sot 141,18.
-***ottum** + -**abat**, -**otuit**, -**abuit**: mot 112,12. 147,12; pot 98,4; Guillot 139,6.

ouche.

-**occam**+-**uccam**:souche188,14. 210,18.
-***olocat** + -**uccat**: couche 195,28.
-***opiat** + -**uccat**: aprouche 126,13.
-**ucoam** + -**occam**, -**uccat**: bouche.
-**uccat** + -***olocat**, -***opiat**, -**uccam**: touche 195,27. — 126,14. — 3,19. 50,6. 114,10 etc.

ourt.

-**ohortem**+-**urgit** : court: sourt204,20.

ous.

-**ausi** + -***avos** : enclous: clous 39,23.

ouse, ose.
-ausa + -ulsat: chouse: pouse 132,13.
-ausam sb. + -ausam, -ausat, -osa: chose; — p. p. + -ausam: enclouse 152,15.
ausat + -ausam: ose 196,1.
-ŏsa, -ŏsam sb. + -ausam: rouse 78,19; rose 198,31.

ouisse.
-olsam +-ossa: asousse: grousse 165,28.

oust.
-ausit + -*olsit: clon[s]t 161,16.
-*olsit + -ausit, -*osto: voust 161,17; asoust 165,26.
-*ostatum sb. + -ustum: coust: aoust 97,18. 162,30.
-*osto (n. Burg.) + -olsit: toust 165,27.

ouste.
-ŏsta + -*ostat: touste: couste 131,23.

oute, ote.
-ubitam + -utta, -yptam: doute 78,3. — 31,28; dote 30,5.
-ubitat + -uttat: redoute: degoutte 195,18.
-utta sb. + -ubitam, -*utta: goute 78,4. — 58,26.
-*utta pr. + -ubitam, -utta: toute.
-yptam + -ubitam: crote 40,4.

outes.
-ŭbites + -ultas: doutes: escoutes 133,28.
-uptas + -uttas: routes: goutes 39,23.

u vgl. us.
-ū + -utem: tu 113,16.
-*uit + -*úm: fu: Jhesu 200,10.

---

1) Vgl. Havet. Roman. III. S. 327.

-ūtem sb. n. + -utum: salu 158,19; — sb. o. -u, -utem.
-ūti p. p. + -utos, -utum 30,2. 42,27. — 56,30. 72,1.
-ūtos + -uti, -utum, -utus 30,1. 42,28. — 15,23. 118,24. — 33,31. 39,10.
-ūtum + -utem, -uti, -utos.
-ūtus + -utos, -utum 38,30. 39,9. — 24,16. 30,15. 79,3.

uche.
-*uccat + -ātiram : aluche : huche 175,27.

ue.
-ūbem + -utam: nue 104,26.
-ūdam + -utam: nue 121,8.
-ūgam + -uta, -utam: rue 56,4,14.
-*uta sb. + -uta: desconvenue 22,31. veue 111,10. 113,15; — a. + -*utam: molue 121,31; — p. p. + -ugam, -uta, -utam, -utat.
-*utam sb. + -ubem, -*utam: essue 104,25; veue 119,26. desconvenue 123,24; — p. p. + -udam, -ugam, -uta 121,7. — 16,17. 64,30. — 121,30. — 52,3. 207,17.
-ūtat + -uta: argue 134,1. remue 131,26.

uie.
-*ŏdiat + -*ŏcitam: ennuie: vuie 43,19. 131,22.
-*ŏvia¹) sb. + -ŏdiat: pluie: ennuie 82,2.

uis.
-*osco + -oscum, -*uteus: truis: puis 7,19: puis 83,22. — 98,5.

uit.
-ūcit + -uctum: conduit: conduit 105,22.

-ūgitum + *ātti : bruit : tuit 182,1.

ume.

-*ūmam + -ūminat : costume : alume 95,17.

ument.

-*umant + -ōminant : costument : alument 3,5.

un.

-unc + -ūnum sb. : dun : Chestiaulandun 81,4.

-ūnem a. m. + -ūni, -ūnum : commun 209,11. — 156,28. 161,11.

-*āni + -ūni : commun 69,3.

-ūni + -unem, -*uni : un 69,4. — 209,12.

-ūnum + -unem : un 156,24. 161,15.

ur.

-ūrium+-ūrus : eūr : seūr123,17. 137,18.

ure.

-ura sb. + -ūram : auenture 89,2. 91,3; — a. + -ūram : 18,30. 57,10.

-ūram sb. + -ūra, -ūrat; — a. + -ūra, -ūrat 119,17. 196,9.

-ūrat + -ūram : dure 155,4. 189,5.

urent.

-*ūerunt (primär) + -*ūerunt (secundär) acorurent : quenurent11,1. 26,36. corurent : eslurent 76,5. : esmurent 118,8. furent : esmurent 103,10. 114,4. : burent 28,12; durent 146,2. : geūrent 68,11. : esturent 70,11. : ensurent 183,16.

us vgl. u.

-*ālus+-*ūtos, -*utus : nus29,9. — 71,16.

-us + -ū(r)sum : plus : sus 197,19.

-ūti p. p. -ūtus : venuz 114,29.

-ūtum p. p. + -utus : veuz 18,2.

-ūtus + -*ulus, -*uti, -*utum.

use.

-ūsa + -ūsat : confuse : escuse 163,14.

ut.

-ūit (prim.) + -*uit (sek.) fut 164,27. + ∞ : 6,20.

-*ūit (sek.) + -ūit (prim.) : but 164,28. + ∞ : 77,24. 113,30. 127,9. 144,5.

LAUTLEHRE.

I. Vocalismus.

A. Betonte Vokale.

Lat. *a.*
= frz. *a.*
1. $a^c = a^{cc} : al$ (*mal*) *as* (*as*).
2. $a^{cc} = a^c : al$ (*aval*) *as* (*donnas*).

= frz. *a*ₙ.
3. $a^{co} = \bar{e}^{cc} : ame$ (*ame*) *ance* (*doutance*) *ant* (*effant*) = i^{cc}: *ante* (*chante*) = $\breve{o}^{rc} : ame$ (*ame*)

= frz. *ai, ei* (*oi*).
4. $a^v = a^c, a^{cc} : ei$ (*lei*) *aie* (*laie*).
5. $a^c = a^v : ei$ (*delei*) = a^{cc}: *ai* (*Prunai*) = $\bar{e} : oi$ (*esmoi*) = $\bar{e}^v : aie$ (*veraie*), *aient, aies* = $\check{r}^v$: *oie* (*poie*) = $\check{r}^v : aie$ (*plaie*).
6. $a^{cc} = {}^x a^v : ei$ (*sei*) = a^c: *ai, aise* (*mesaise*) = $\bar{e}^v$: *eite* (*deffeite*) = $e^{cc} : aire$ (*contraire*) = ${}^x \check{r}^v : ais$ (*Gatinais*) *eiue* (*eiue*) = $i^{cc} : eire$ (*deteire*) = $\infty :$ *aille*, *aillent* etc.

ai u. *ei* stehen also, ähnlich dem Normannischen, ganz promiscue. Ihr Lautwert ist gleich *è* oder *é*, da sie sowohl diesem oft gleichgestellt (*tret*: *treit* 60,21, *meffere*: *repaire* 183,22) als auch mehrfach mit *oi* gebunden werden, was damals schon *oé* oder *oè* lautete, vgl. Rossmann : franz. *oi* S. 35. — *poie*, *esmoi* ist umgekehrte Schreibung, die sich im Centralfrz. häufig findet.

Ob für *aille* ein Diphthong anzusetzen ist, scheint mehr als zweifelhaft, da es nie mit *eille* bindet, und *ai* u. *ei* doch sonst überall durcheinander geworfen werden. Für *eille* scheint es möglich, da sich hierfür einmal *oille* findet [118,19] was ja zu Neumann's Ausführungen passt (Zur Laut- und Flexionslehre des Afrz. S. 31) doch sehe ich nicht ein, weshalb man, einen *ei* Diphthong wirklich vorausgesetzt, darum auch *ai* eine solche Aussprache belegen muss.

= frz. *ai*ₙ, *ei*ₙ.
7. $a_n = a_{ng}, a_{nci} : aint$ (*maint*) = $\bar{e}_n, \check{r}_n : ain$ (*sain*) $\bar{e}_n, \check{r}_n, \breve{o}_n$: *eine* (*seine*) = $\check{r}_n : ains$ (*mains*).
8. $a_{ng} = a_n, a_{nci} : aint$ (*plaint*) $a_{uj} = \bar{e}_{nj}, \check{r}_{nj}, u_{nj} : aigne$ (*ouuraigne*) $a_{nci} = a_n, a_{ng}, i_{nci} : eint$ (*seint*) = $i_{ng} : eins$ (*seins*) i_{nci}: *ainte* (*plainte*).

Auch hier sind *ai* u.*ei* ganz gleich; doch muss die alte diphthongische Geltung hier schon im Verschwinden sein. Vgl. folgende Bindungen:

ouuraigne: *apraigne* 19,3 : *besoigne* 150,21; *pleine* : *essoine* 66,7; *siene* 198,21.

= frz. *au*.

9. $a^c = a'^c : aut$ (*saut*) $= e^{cc}$: *au* (*reau*) *aux* : (*paroissiaux*) $= i^{cc}$: *aus* (*leiaus*).

10. $a^{cc} = a^c : aut$ (*saut*) $= e^{cc}$: *aumes* (*paumes*) = $*e^{cc}$: *auz* (*hauz*).

= frz. *o*.

11. $a^c = a^{cc}$, o^{cc} : *ot* (*habitot*) o^{cc} : *orent* (prt).

12. $a^{cc} = a^{cl}$, o^c : *ot* (prt).

Noch 4 Fälle von altem *ot* im impf., dazu 1 Fall im Verse: *criot* 49,21.

= frz. o_n.

13. $a_n (+ u) = \tilde{o}_n : on$, *ons* (*lisons*) = $\tilde{o}_n : ont$.

= frz. *é*.

14. $a^c = a^{cc} : ere$ (*auere*) = $\check{e}^v : \acute{e}$ (p. p.) = $\check{e}^c : erent$ (*fonderent*).

15. $a^{cc} = a^c$, e^c : *ere* (*mere*).

Zu *mere*: *misere* 200,8.
pere: *desespere* 172,19,
vgl. Förster, Einleitg. zum Chev. as d. esp. S. 35.

= frz. *è*.

16. $a^c = e^{co}$: *eles* (*teles*) *es* (*les*).

16a. $a^{cc} = \check{e}^v$, i^{cc} : *eite* (*deffeite*, *treite*) *ere* (*pere*) = e^{cc} : *es* (*fes*) *esse* (*lesse*) *estre* (*nestre*).

Beachtenswerth sind folgende Bindungen:

Ausg. u. Abh. (Fölster).

ouur[é]*oer* : *ioër* 55,24.
brese : *remese* 176,19.
querre : *pierre* 86,29.

= frz. e_n.

17. $a_n = e_n : ende$ (*offrende*) *ens* (*suens*).

= frz. *ié*.

18. $a^c = ae^c : iée$ (*hetiée*).

19. $a^c = \check{e}^v$, e^{cc} : *ier* (*destrier*) = e^{cc} : *iere* (*maniere*) *ierrcs* (*auersierres*).

= frz. *ien*.

20. $a_n = \check{e}_n : ien$ (*chien*).

= frz. *ou*.

21. $a^c (+ u) = au^c : ous$ (*clous*).

Lat. *e*.

= frz. a_n.

22. $e_n = a_n$, $o_n : ame$ (*fame*) = $a_n : ance$ (*puissance*).

Die Schreibung *fame*, welche sich hier ohne Ausnahme findet, ist dem Francischen und Burgundischen eigen, aber selten im Westen und Norden, wo meist *femme*. Dagegen findet sich umgekehrt stets *gemme*, doch auch mit *a* Klang.

Im Ganzen werden also *an* + Cons. und *en* + Cons. auseinander gehalten. Die Wörter auf *ance* = lat. *entia* sind nur scheinbare Ausnahmen, da *puissance* und *porveance* erst aus dem französischen Adjektiv neu gebildet sind; *penitance* ferner, was gelehrt, verdankt sein *a* wohl einem volkstümlichen ähnlichen Worte *peneance* was zum provenzalischen *penedir* und der Form *penteiet* in der Jonashom. gehören würde.

Eine wirkliche Ausnahme ist jedoch *offrende*, was 2 mal, 112,3. 120,25: *deffende* gebunden ist.

Ferner findet sich noch sonst vereinzelt *an* für *en*: *sant* 156,30; im Vers *tanpeste* 14,22. *santine* 185,2, *anfans* 64,1.

= frz. *au*.

23. $e^{cc} = u^c : au$ *(fleiau) aumes (Guillaumes) eaux (tropeaux)*.

= frz. *è*.

24. $\breve{e}^v = a^c : e$ *(de)*.

25. $\breve{e}^v = a^c : erent = a^{cc} : ere$ *(misere)* = $ae^c : ert$.

26. $\bar{e}^v = a^{cc} : ere$ *(desespere)*.

= frz. *è*.

27. $\bar{e}^c * = a^{cc} : ete$ *(prophete)*.

28. $\breve{e}^v = e^{cc} : ert^{**}$.

29. $e^{cc} = a^c : eles$ *(ceneles) es (les)* = $a^{cc} : es$ *(confes) esse, estre* = $ae^{cc} : este$ *(moleste)* = $\breve{e}^v : ert$ *(desert)* = $i^{cc} : elle$ *(pucelle) ette (degette) estre, esque, erre*.

* Wegen *-ëbat* = *-ittum* vgl. § 51 Anm.

** Für *ert* hier also schon *é* anzunehmen. Einmal findet sich auch noch die alte Form *yere* 181,31; eine dritte Form endlich ist *iart* 35,15. Ein solcher Uebergang von *e* zu *a*, besonders vor *r* ist bekanntlich namentlich im Centralfrz. häufig. Vgl. Metzke: Der Dialekt von Jsle, de Fr. S. 10, Talbert: Du dialecte blaisois 163 ff.

Hier findet er sich ausser diesem Falle im Reim nicht und auch sonst nur wenig: *agraable* 130,17, *saart* 98,22, *sarmonné* 25,26, *darreniers* 79,18. 183,6.

= frz. *en*.

30. $e_n = i_n : ence$ *(science), endre (tendre) ens (dens) ent (couvent)* = $o_n : emme$ *(gemme)*.

= frz. *ein, ain, oin*.

31. $\bar{e}_n = a_n : ein$ *(plein) aine (plaine)* = $oe_n : oine$ *(auoine)*.

32. $\bar{e}_{nj} = a_{nj} : eigne$ *(apreigne)*.

= frz. *ue (ue)*.

33. $\breve{e}^v (+ u) = \breve{o}^c : ueve$ *(vueve)*.

34. $e^{cc} = \breve{o}^{cc} : eulz$ *(veulz)*.

= frz. *ié*.

35. $\breve{e}^v = a^o, a^{cc} : ier$ *(hier)* = $ae^c : iert$ *(afiert)*.

36. $\breve{e}^c = a^c : ier$ *(entier) iere, ierre, ierres* = $*ae^{cc} : ierres$ *(pierres)*.

= frz. *ien*.

37. $\breve{e}_n = a_n : ien$ *(bien)*.

= frz. *i*.

39. $\bar{e}^v$ (nach gutt.) = $\bar{\imath}^v : i$ *(merci) ile (esuangile) is (pais)* = $\bar{\imath}^{cc}, \breve{e}^v : ire$ *(cire)* (vor *n*) = $*i^{cc} : int$ *(vint)* == $\bar{\imath}^v : ie$ *(servie)* (nach Analogie) = $\breve{e}^{cc} : is$ *(pris) ise* = $\bar{\imath}^v$ *ist (prist)* = $\bar{\imath}^{cc} : ire$ *(sire) istrent (pristrent)*.

40. $\bar{e}^{cc} = \bar{\imath}^{cc} : iure$ *(iure)*.

41. $\breve{e}^v$ (guttt.) = $\bar{\imath}^v : ient$ *(prient) is (dis)* = $\bar{\imath}^{cc} : ire$ *(enpire) ist (gist)* = $e^{cc} : ire$.

42. $\breve{e}^{cc} = \bar{e}^v : ire$ *(soffire) ise (eglise)* = $\bar{\imath}^v : ire$ *(soffire) is (pris) ist (ist) it (lit)* = $\bar{\imath}^{cc} : ice$ *(nice) ire (matire) ise, ite (desconfite)*.

Einmal findet sich auch *les* für *lits* nämlich 91,26: *alés*.

Gegen Schulzke's Ansicht möchte ich *empire* doch von **impĕrium* herleiten, wegen der häufig vorkommenden Schreibung *empiere* S. 32 seiner Diss. »E+i und ŏ+i im Normanischen« scheint er auch selbst zu schwanken.

Zu bemerken ist, dass *ĕriam, ĕrium* mit Ausnahme von *mestier* stets *ire* lautet.

= frz. *oi (ai, ei)*.

43. $\bar{e}^a = a^e : oi$ *(moi)*.

44. $\bar{e}^c = a^c : oie$ (impf.) *aies* (impf.) *(craies) aient* impf. = $au^{cc} : oie (coie)$; = $\bar{e}^{cc} : ei (Soudei)$ *oire (voire)* = $i^c : ois (pois)$; = $\check{r}$: *oie (feroie) oies* impf.; = $\check{r}^{cc}$ (comb. gutt.) : *oit (doit)* = o^{cc} : *oire (voire)*.

45. $\check{e}^o = \check{r}$: *oient (proient)*.

46. $\bar{e}^{co} = \bar{e}^c : ei$ *(dei) oire (croire)*; = $*au^{cc} : oistre$ *(anchoistre)* $\check{r}^{cc} : oit$ *(droit)*.

ĕ ist also nicht, wie im Normanischen *ei* geblieben, Reime wie $\bar{e}^c : \check{o}^{cc}$ *voire : estoire* sind ja im Norm. nicht möglich.

In Bezug auf den Lautwert des *oi* gilt das § 5 Gesagte. In der 3 s. imperf., die übrigens nie *eit* zeigt, findet sich öfter einfaches *et* geschrieben, aber nur, wie Rossm. S. 132 (Rom. Forsch. 1 H.eft) treffend bemerkt, nach vokalischem Stammesauslaut und fast nur unter sich gebunden, nämlich 14,19. 114,6. 130,7. (vgl. § 51 Anm.) — Zu merken: *voair : porvoair* 77,23 : *soair* 118,17. Wohl erstes *e* gefallen und *oi* zu *oe, oai* geworden, darum ist *oai* hier 2 silbig.

Lat. *ĭ*.
= frz. *aₙ*.

47. $i_{n+c} = a_{n+c}$: *ante (soixante)*.

= frz. *aiₙ, eiₙ*.

48. $\check{\imath}_n = a_n$: *ain (sain) aine eine (meine) ains (mains)*; = $\check{\imath}_{ng}$: *einent (meinent)*.

49. $\check{\imath}_{ng} = \check{\imath}_n$: *einent (atteinent)** = a_{n+c} : *eins (seins) eindre*; = a_{nct} : *eint. einte (esteinte)*.

* Auffallende Form, da *n* hier nicht palatal.

= frz. *au*.

50. $i^{oo} = a^c$: *aus (seiaus)*; = a^{co} : *aus (vermaus) auz consauz)**.

* Centralfranz. Form, während das Norm. *conseiz* haben würde.

= frz. *è*.

51. $i^{oc} = e^{cc}$: *elle (ancelle) esse (messe)* ette (mette) estre (senestre)*; = a^{co} : *ette (fillete)* = ∞ : *estes*.

* Für *ĭtia* findet sich neben gewöhnlicherem *esce, esse* auch einmal das normannische *eice*, nämlich 98,11. *parfondeice : adreice*.

Andrerseits *boucheite : pucellete* 58,30. Eine weitere beachtenswerte Bindung ist *muët : remuët* (impf., vgl. § 46 Anm.) 35,17. 112,25 wo also entschieden lat. *ittum* mit offenem *e* gebunden ist, was bei Guillaume, le Clerc de Normandie nach Seeger nicht vorkommt.

= frz. *eₙ*.

52. $i_n = e_n$: *en-ce (sen ce, en ce) endre, (mendre), ent (souuent) entre (entre) enz (dedenz)*.

= frz. *i*.

53. $\check{\imath}$ = $\check{\imath}^c$: *ie (espie)*.

54. $\check{\imath}^c = \bar{e}^c : i (ci) ie (erdormie) ile (nobile) is (nais) ist (mist)*;

= $ē^{co}$: *is* (*estapis*) *ise;* = $ě^c$: *ient* (*crient*) *is* (*paradis*); $ě^{bc}$: *ise* (*mise*) *ist* (*requist*) *it* (*vit*); = $ī^c$: *ie* (*amie*); = i^{co} : *ime* (*rime*) *ine* (*orine*) *ire* (*ire*) *ise* (*guise*) *isent* (*deuisent*) *ites* (*merites*).

55. i^{co} = $ē^o$: *ire* (*dire*) *ise* (*chemise*); =$ē^{co}$:*istrent*(*pristrent*) *iure* (*deliure*); = $ě^c$: *ist* (*cist*); = $ě^{bc}$: *ice* (*mallice*); = $ī^c$: *ime* (*sentime*) *ire* (*desprire*) *it* (*dit*) *istes* (*venistes*).

Zu *nobile* = *nobilia*, vgl. Ba. Chrestom. 41,28, ferner im Alexius Strophe 3 *nobilitet* und *nobli* im Alex. Fragment. Ebenso findet sich oft *milie* und es ist gänzlicher, wirkungsloser Schwund des 2. *i* anzunehmen. Dasselbe gilt von *concille*, *Gile*. Uebrigens reimen hier Wörter mit erweichtem *l* oft zu solchen mit gutturalem, vgl. Rim.

= frz. *oi* (*ai*, *ei*).

56. $ī^c$ = a^c, au^{co}, $ē$: *oie* (*soie*, *voie*) *oies* (*voies*); — $ě^c$: *oient* (*enuoient*).

57. $ī^c$ = a^c : *aie* (*emplaie*) *oient* (*voient*); = a^{co} : *ais* (*demenais*) *eiue* (*aperceiue*); = au^{co} : *oie* *lermoie* = $ē^o$: *ois* (*pois*).

58. i^{co} (compl. gutt.) = a^{cc} : *eire* (*Leire*) *aire* (*prouaire*); = $ō^c$, e^{co} : *oit* (*doit*) = e^{cc} : *oirre* (*voirre*); = $ē^o$, $ō^{co}$, $ō^{co}$: *oire* (*prouoire*).

Zu merken: *voirre*: *terre* 53,18.

Es finden sich hier also schon sämmtliche *oi*, die überhaupt denkbar, gebunden, was bekanntlich im Westen nicht möglich ist vgl. § 46, und zwar muss das *oi* schon den Klang *oè* gehabt haben, da es oft als *ai* geschrieben und mit etymologischem *ai* und *è* gebunden wird. Das normannische *ei* für *ī*, *ē* findet sich nur selten geschrieben, meist schon *oi* oder *oai*, *ai* und *oe* (vgl. § 72), *e* (vgl. § 51).

= frz. *oi*$_n$.

59. $ī_n$ = oe_n : *oine* (*moine*).

Das lat. *minat* findet sich also in 3 Schreibungen: *maine*, *meine* und *moine*, doch herscht erstere bei weitem vor.

Lat. o.

= frz. a_n.

60. $ō^{co}_{(mn)}$ = a^{cc}, e^{cc} : *ame* (*dame*).

= frz. *eu*.

61. $ō^v$ = $ō^c$: *eu* (*sarqueu*) *eus* (*merueilleus*); = *ōcc* : *eurs* (*Meilleurs*).

62. *ōcc* = $ō^c$: *eurs* (*ailleurs*).

Für altes *ou* ist also schon überwiegend die Schreibweise *eu* gebräuchlich. Wie in Isle de France (vgl. Metzke S. 28 ff. findet sich die lat. Endung *ōsus* schon stets als *eus*, ebenfalls ist *-atorem* nie durch *eour* ausgedrückt, wohl aber häufig nach normannischer Weise durch *eür*, nämlich 71,7. 121,10. 129,17 was sich 206,10 mit *eur* gebunden findet: *pecheürs* : *pleuseurs*.

Die Schreibung *eor* kommt 2 mal vor 101,2. 122,22. wie voriges unter sich gebunden, einmal findet sich noch die gelehrte Form *ator* nämlich 80,15 *criator* : *retor*, was bemerkenswert ist, da nach Metzke S. 26 im Französischen solche Bindungen sich nicht finden. Also ist hier als gewöhnliche Aussprache doch ein *eu* ähnlicher Laut anzunehmen obwohl sich nur einmal *eeur* findet, nämlich: *peeur : iangleeur* 33,27.

Auch für das Suffix *ōrem* findet sich *ou* nur selten, ebenso bei sonstigem $ō+r$.: *aoure : demoure* 65,7. *colour : dolour* 57,22. *plours : Sors* 172,7. Oefter steht auch hier schon *eu*, am meisten aber wie in Isle de France *o.* vgl. § 63 und 76.

= frz. ó.

63. $ō^c : or$ (*criator*); = u^{cc}: *orent* (*plorent*) *ordes* (*bordes*).

64. $ō^{cc} = ō^c : or$ (*retor*); = $ŭ^{cc} : or$ (*tor*) *orne* (*morne*).

Vgl. Paris: »Das geschlossene *o*« Rom. X. 36—62. und Förster »Schicksale des lat. *ŏ* im Französischen. Roman. Studien III.

= frz. ò.

65. $ō^c = au^c$, $ō^{cc} : ole$ (*escole*) *ors* (*fors*); = $au^c : ose$ (*rose*)*.

66. $ō^{cc} = a^c$, $a^{cc} : ot$ (*pot mot*); = $au^{cc} : oste$ (*coste*); = $ō^c : ole$ (*fole*); = $u^{cc} : ors$ (*cors*) *ort* (*mort*)**.

* *rose* ist nur mit *chouse* gebunden, wenn auch einmal mit *ou* geschrieben, s. Rim.
** Diese Bindungen sind auffallend, vgl. unter *u* § 80.

= frz. o_n.

67. $ō_n = a_n (+ u)$ $ō^c$, $ŭ^c : on$ (*ton*) a_n, $ō_{n+c} : ons$ (*lions*); = $ō_{n+c} : omme$ (*Romme*).

68. $ō_{n+c} = ō_n : omme$ (*nomme*).

69. $ō_n = *au_n : ont$ (*semont*); = $ō_n : on$ (*hom*).

70. $ō_{n+c} = ō_n$, $ō_{n+c} : omme$ (*homme*) *ons* (*semons*); = $ŭ^{cc}$: *omme* (*somme*) *ont* (*amont*).

Nirgends also findet sich hier normanisches *u*, was ja auch für *ō* in offener Silbe, wie wir sahen, nur selten ist.

= frz. oi.

71. $ō^{cc} = e^c$, $e^{cc} : oire$ (*gloire*);* = $ō^{cc} : oire$ (*tempoire*); = u^{cc}: *oissent* (*eonnoissent*).

72. $ō^{cc} = a^c : oer$ (*ouroer*);** = $ē^c$, $ē^{cc}$, $ō^{cc} : oire$ (*estoire*); = $u^{cc} : oise$ (*troisse*).

* *ōria* hat bekanntlich sich *ŏria* in der Entwicklung angeschlossen.
** Ausser diesem *ouur[e]oer:ioēr*55,24. kommt die Schreibung *oer* noch 2 mal vor, nämlich 23,12 *mir[e]oer:terr[e]oer*, gem. afr. begegnet *mireor*, *mireoir*, während ein *terreoir* neben *territoire* mir nicht bekannt ist.

= frz. oi_n.

73. $o_{gn} = u_{nci} : ointe$ (*acointe*).

= frz. *eu*, *ue*, *oe*.

74. $ō^c = au^c$, $ō^c : eu$ (*leu*) *eus* = $ō^{cc} : eulz$ (*eulz*); = $e^c (+u)$: *ueve* (*trueve*).

75. $ō^{cc} = ō^{cc} : ueble$ (*mueble*).

Die alten Schreibungen *ue* und *oe* halten dem neuen *eu* noch ziemlich die Wage. Zu bemerken ist, dass *oe* nicht blos im Wortanlaut steht, wie Manche behaupten, um eine falsche Deutung des *u* zu verhindern. 2 mal findet sich sogar schon die volle Form *oeuure* : 37,10. 54,29.

= frz. *ou*.

76. $ō^{cc} = ō^{cc} (ls) : oust$ (*toust*); = $ŭ^{cc} : ouche$ (*souche*) *ourt* (*court*) *oust* (*coust*) *oute* (*boute*).

77. ŏ°°(ls) = au°°, ŏ°°: *oust (asoust)*;* = ŏ°°: *ouche (aprouche)*.

* Diese *praeterita* haben ihr o wohl zu geschlossenem umgewandelt, wie dies ja allgemein für *apprŏpiare auch angenommen ist.

= fr. *ui*.

78. ŏ°°(rj) = ī°: *uire (muire)*;* = *ū°°(tj): *uis (puis)*; = ∞: *uie*.

* Hier ist wohl ui̯:i̯ gebunden, da der Vers jedenfalls den inf.(?) *muire* 3 silbig verlangt:

Et il te plest que ie languisse 192,14
A grant doulour et ici muire
Com j torel moz ia mu | ire.

Auch neufranzösisch heisst es ja noch *mugir* und liegt hier also eine Bindung von *ui*:*i* vor, da *iu* bereits seit Anfang des 12. Jh. zu *ui* geworden.

Zu merken ist, dass sich in unserm Texte für lat. ŏ + i nie die im Westen recht häufigen *oie* und *ei* finden. Auch betont stets *ui* und nicht *oi*.

Lat. u.
= frz. *eu*.

79. *ŭ° = ∞: *eure (seure)*.

= frz. *ó*.

80. u°° = ŏ°°: *orent (acorent)*; = ŏ°°: *or (tor) ordes (sordes)*; = ŏ°°: *ors (secors) ort (gort)*.

u in *gurges* ist wohl zu ŏ übergetreten; die andere Bindung *secors: mors* beruht auf Ungenauigkeit, falls nicht die beiden *o* sich damals im Klange näherstanden als heute.

= frz. *oₙ*.

81. ū°=ŏ°: *on(Chetiaulandon)*.

82. ŭ°° = ŏ°°: *omme (somme) ont (parfont)*.

= frz. *oi*.

83. u°° = ŏ°°: *oissent (angoissent)*;* = ŏ°°: *oisse (angoisse)*.

* Ebenso im Centralfrz. während der Westen *ui* hat

= frz. *oiₙ*.

84. u°°(nj) = ŏ°°(nj): *oigne (besoigne) oinne (vergoinne)*.*

* Auffallend ist hier die Bindung 153,27 *besoigne: vergoinne*. Wenn letzteres Wort nicht falsche Schreibung des Kopisten ist, so weist es darauf hin, dass in unserm Gebiet intervokalisches, durch Konsonanz gestütztes *n* sehr früh seinen palatalen Charakter aufgab. Aehnliches findet findet sich auch in Isle de France um diese Zeit. Anders ist es mit *essoine*, das 66,7: *seine* gebunden ist und schon sehr früh ein gutturales *n* zeigt.

= frz. *ou*.

85. ŭ°° = au°: *ouse (pouse)*; = ŏ°°: *ouche (bouche) ourt (sourt) oust (aoust) oute (redoute)*.

= frz. *ü*.

86. ū°° = ū°: *u (tu)*.
87. ū° = ū°: *u (fu)*.
88. ū° = ū°°, ū°: *u (vertu)*; = u°°: *ume (costume)*.
89. ū°° = ū°: *ume (alume)*.

= frz. *ui*.

90. ū° = *ū°°: *uit (condoit)*.
91. ū°° = ŏ°°: *uis (puis)*; = ū°: *uit (conduit)*.

Diphthonge.

Lat. **ae**.
= frz. **é**.
92. $ae^c = \bar{e}^c$: *ert (ahert)*.
= frz. **è**.
93. $ae^{cc} = \bar{e}^{cc}$: *este (preste)*.
=. frz. **ié**.
94. $ae^c = a^c$: *iee (liee)* = $\bar{e}^c$: *iert (quiert)*.
95. *$ae^{cc} = \bar{e}^{cc}$: *ierres (currierres)*.

Lat. **au**.
= frz. **eu**.
96. $au^s = \check{o}$: *eu (leu)*.
Auffallende Bildung: *leu (laudo)*: *leu (lŏcum)* 138,22.

= frz. **ó**.
97. au^c = *ole (parole)*; = o^{cc}: *oste (oste)*.
= frz. **oi**.
98. $au^{cc} = \bar{e}^x, \bar{i}^x, \bar{i}^{cc}$: *oie (joie)*; = $\bar{e}^{cc}$: *oistre (cloistre)* = i^x: *oies (joies)*.
= frz. **ou**.
99. $au^c = a^c$: *ou (enclous)*; = $\check{o}^c$: *ouse (chouse) out (clout)*; = u^{cc}: *ouse (chouse)*.

Lat. **oe**.
100. $oe^c = \bar{e}^x, \bar{i}^x$: *oine (poine)*.

B. Nachtonige Vokale.

1. In letzter Silbe.

101. *a* bleibt wie gewöhnlich als *e* erhalten, *commant* 195,29, ist doch wohl als cj., nicht als ind. zu fassen. Es schwindet jedoch natürlich im impf. i. und cond. mit Ausnahme von *yere* 181,31.

102. Die übrigen Vokale bieten iher nichts Auffallendes.

2. In vorletzter Silbe.

103. *a* ausnahmsweise geschwunden in dem bekannten Beispiel *Seine*.

e ist wie gewöhnlich ausgefallen oder hat wie *i* gewirkt.

i wirkungslos ausgefallen (in Wörtern wie *misere, aperceiue, beste, nobile, mile, mestier*. Im Uebrigen nichts zu bemerken.

o u. *u* wie gewöhnlich.

104. **Stützvokal** zeigt sich ebenfalls in den gemeinfranzösischen Fällen in *able, acre, ade, age, aire* etc.

II. Consonantismus.

a. Zahnlaute.

Lat. t.
= frz. t.

105. t bleibl nach hellem Vokal mit Ausnahme des prt. u.
  a. Ungewöhnlich erhalten findet es sich in den Formen *seint* 168,21. und *meint* 168,4.
106. $^c t$ s. a. = t^v: *art (part) ert (Fulbert) uit*; = ^cd s. a.: *ant (enfant) ent.*
107. $^c t^v$ = $^c d^c$ (dt): *ente (dolente) erte (certe).*
  = frz. d.
108. $^c t^v$ = $^v t^v$, $^v p^c$: *ade (malade).*
109. $^v t^v$ = $^c t^v$: *ade (fade).*
  = frz. ○.
110. t^s = ○ : überall, wie gewöhnlich um diese Zeit, nach a sowie in a = *habet* und im prt. aller schwachen Conjugationen. Abweichend vom gewöhnlichen Gebrauch fehlt es auch in der schon mehrfach erwähnten altertümlichen Form *yere* 181,31. — Ferner, wie gewöhnlich, wo es sekund. einem stummen Laut folgt.
111. $^c t$ s. a. = $^v ss$ s. a. : *as (donnas)*; = $^v c^c oi$ *(doi)*; = $^v c$ s. a.: *eu (veu).*

112. $^v t^v$ = $^v d^v$: *iee (merucilliee) ue (venue)*; = $^v b^v$, $^v g^v$: *ue (vestue).*
113. $^v t^c$ = $^v r^v$: *ere (pere) eire (veire).*

Lat. tt.
= frz. t.

114. $^v tt^c$ = $^v d^c$, $^c t^v$: *it (petit) ite* = $^c t^v$: *ites*; = $^v t^s$: *ot (mot).*
  Meist findet es sich durch t ausgedrückt wie überhaupt zur Zeit im Centralfranzösischen. Es ist wohl gedehnte Aussprache des vorhergehenden Vokals anzunehmen, wie die neben -*et* sehr beliebten Schreibungen -*est*- und -*eit*- anzudeuten scheinen Letztere ist bekanntlich dem Westen eigentümlich und findet sich nach Görlich auch in den südwestlichen Dialekten häufig:
  chareite 103,17. *filleite : feite* 53,29
  meschineite : treite 100,21.
  meite : seite 191,21.
  breite : chareite 103,16.
  leitre : meitre 101,22.
  : *mestre* 59,17.
  boucheite : pucellete 58,29. 26,15
  mestre : lestre 18,21.
  nette : fillete 51,18.

Lat. t (t).
= frz. t.

115. $^c t(t)$ = $^c t^v$: *ent (ment*

Lat. t (s).
= frz. s, z.

116. $^c t(s)$ = $^c (d(s)$: *ans (pas sans) ars [pars] ens (dedens)* = $^v t(s)$: *es (les).*

117. ʳt(s) = ᶜt(s):es (les).
   Lat. *tt(s)*.
   = frz. z.
118. ʳtt(s)=ʳtd(s):ez (chenez).
Im Allgemeinen ist über diese Lautbezeichnung zu bemerken, dass z bedeutend häufiger vorkommt als s, und ausser 46,27 nie mit demselben im Reim zusammengestellt wird. Dasselbe bemerkt Seeger bei Guill. e Clerc de Norm.

Wohllaut- *t*.
119. Es findet sich in *nestre*: *stre* sowie in den prt. *pristrent*, *emistrent*, *beneistrent*, die ja im Westen eigentümlich sind.
   tj s. *j*.
   Lat. *d*.
   = frz. *d*.
120. ʳdᶜ = ᶜtʳ : ade (sade).
121. ᶜdʳ = n-r : aindre (grain-e).
122. ᶜdᵒ = n-r : endre (tendre).
   = frz. *t*.
123. ʳdᶜ (dt) = ʳcᶜ: it (vit).
124. ᶜdᶜ (dt) = ᶜd s. a. : ant (mmant) = ᶜtʳ: ente(vente) ertc (erte) = ᶜt s. a. ent (descent) (parfont).
125. ᶜd s. a. = ᶜt s. a. : ant ent (souuent).
   = frz. *l*.
126. ʳdʳ = ʳlʳ : ile (Gile).
   = frz. ○.
127. ʳdʳ = iʳ : aient, aies, ie. ᵃᶜ, ʳbʳ : oient = ʳtʳ : iee (coig-

niee) ue (nue) ues = ʳpʳ : ueue (vueue) = ʳvʳ : ut (crut).
128. ʳd s. a. = ʳcᵃ : i (merci) = ēᶜ : oi (desvoi) oᶜ : eu (leu).
129. ʳdᶜ=ʳvᶜ ʳcᶜ : irent (virent) = ᶜnʳ : orne (aorne).

Lat. *d (s)*.
= frz. *s, z*.
130. ᶜd(s) = ᶜt(s) : ans(grans) = ᶜrs : ors (sors) = ʳcᶜ : oiz(foiz).
   dj s. *j*.
   Germ. *zz*.
   = frz. *c*.
131. ʳzzᶜ = ʳcjʳ : ice (espice).

Lat. *s*.
= frz. *s*.
132. ʳsᵃ = ʳs s. a. : is (amis).
133. ʳs s. a. = ʳsᵃ : is (mis) = ᶜs s. a. : ois (pois).
134. ʳsʳ = ᶜsʳ : ouse, ʳsjʳ : ise ises = ʳssʳ : isent (deuisent) ist (obeist).
135. ᶜsᵃ = ʳsᵗ : as (as).
136. ᶜs s. a. = ʳs s. a. : ois (pois) = ʳtj s. a. : is (vis).
137. ᵒsᶜ = ᶜssᶜ : isme (meisme) ismes = ʳsᶜ : oust (asoust).
138. ʳsᶜ = ᶜs s. a. : as (donnas) = ᶜsᶜ : oust.
   = frz. ○.
139. ʳsᵃ = ʳn s. a. : on (dion, macon).

Lat. ss.
= frz. ss.

140. ᵛssᵛ = ᵛtjᵛ : asse (lasse) esse (messe) esses = ᵛsᶜ : esme (pesme) = ᵛsᵛ : issent, ousse (grousse).
= frz. s.

141. ᵛss s. a. ⇌ ᵛsc s. a. : es (confes) = ᵛsᶜ : esme ᵛsᵛ : ist.

142. ᵛssᶜ = ∞ : ast.

sj s. j; sc s. c.

Ueber den Wert des sᶜ im Inlaut ist zu bemerken, dass es wohl schon durchaus stumm ist, da es sowol mit Wörtern ohne s gebunden wird als auch an etymologisch ganz unberechtigter Stelle steht. Es dient vielmehr nur als Dehnungszeichen vgl. § 114. Besonders auffallend steht 91,12: mendiest impf. : est, vgl. § 46 Anm.

b. Kehllaute.

Lat. c.
= frz. c.

143. ᵛcᶜ = ᵛgᶜ : acre (Fiacre).
=: frz. ch.

144. ᶜcᵛ = ᵛcᵛ : anche (blanche).
= frz. ǵ.

145. ᵛcᵛ = ᵛpjᵛ : age (corage).

146. ᶜcᵛ = ᶜgᵛ : arge (charge).
= fr. i.

147. ᵛcᵛ = ᵛbjᵛ : ᵛgᵛ : aie (laie) = ēᶜ : aies (veraies).

148. ᵛc s. a = ᵛbj s. a. : ai (verai).

149. ᵛcᶜ = ᵛttᵛ : eite (feite) = ᵛtjᵛ : eice (adreice) = ᵛtᶜ : ez (fez) = ᵛljᵛ : aille, eille. = īᵛ : oient (proient).
= frz. o.

150. ᵉc vor l = ο in vermaus, eulz. Ferner schwand es vor s in pors 190,9 und im Auslaut nach gewöhnlicher Annahme in

leu.
Am häufigsten geht es jedoch im vorangehenden langen Vocal auf.

151. ᵉcᵒ = ᵒd s. a. ʳc s. a. : i (ci).

152. ᵒc s. a. = ᵒcᵃ, ᵒcᶜ : i (ami).

153. ᵒcᵒ = iʳ, ᵒcᵒ : ie ʳgᵒ : ient (dient).

154. ᵒcᶜ = ᵒnᶜ : ine (narinc) = ʳrjᵒ, ᵒbᶜ, ᵒdᶜ : ire (dire) = ʳd(t)ᶜ : it (dit) = ᵒpᶜ : ite; ᵒljᵒ : ille (perille).
= frz. is.

155. ᵒcᵒ = ᵒsᵒ : is (dis) = ᵒsᶜ : ist (gist).

Lat. cc.
= frz. ch.

156. ʳccᵒ = ᵒpjᵒ, ᵒllᵒ : ouche (bouchc) = ᶜcᵒ : uche (aluche).

Lat. nc.
= frz. in.

157. ʳncᵒ = ᵒnᶜ : aint (saint) eint (enfreint) = ᵒgn : cins.

.= frz. i.
178. ᵛdj s. a. = iᶜ : i (demi).
179. ᵛdjᵛ = īᵛ : oie (joie) : ie (demie) = ᵛdvᵛ, ᵛvjᵛ : uie (ennuie).
180. ᶜdjᵛ = ᵛnjᵛ : oinne (vergoinne).

Lat. *sj*.
= frz. is.
181. ᵛsj s. a. = ᶜs s. a. : ais (Gatinais).
182. ᵛsjᵛ = ᵛsᵛ : ise, ises (eglises) = ᵛcjᵛ : aise (mesaise).

Lat. *cj*.
= frz. c.
183. ᵛcjᵛ = ᵛtjᵛ : ace (face) ice (office).
= frz. is.
184. ᵛcjᵛ = ᵛsjᵛ : ese (plese).

Lat. *pj*.
= frz. g'.
185. ᵛpjᵛ = ᵛtjᵛ : age (sage).
= frz. ch.
186. ᵛpjᵛ = ᵛccᵛ : ouche (aprouche).
= frz. i.
187. ᵛpj s. a. = ᵛvᵛ : ei (sei).

Lat. *bj*.
= frz. g'.
188. ᶜbjᵛ = ᵛnjᵛ : ange (change).
= frz. i.
189. Ueberall, wie gewöhnlich im Auslaut. *aie* und *aient* sind Analogiebildungen.

Lat. *vj*.
= frz. g'.
190. ᵛvjᵛ = ᵛgᵛ : ier (legier).
= frz. i.
191. ᵛvjᵛ = ᵛdjᵛ : uie (pluie).

Lat. *mj*.
= frz. ng'.
192. ᵛmjᵛ = ᵛnjᵛ : ie (congie).

Lat. *nj*.
= frz. ng'.
193. ᵛnjᵛ = ᵛljᵛ : ange (estrange) -: ᶜnjᵛ : onge (menconge).
= frz. ign.
194. ᵛnjᵛ = ᶜdjᵛ : aigne (ouuraigne) = ᵛngᵛ : oigne (besoigne).
= frz. in.
195. ᵛnjᵛ = ᵛnᵛ : oine (essoine).

Lat. *lj*.
= frz. il.
196. ᵛljᵛ = ᵛclᵛ : aille (touaille) ailles, aille = ᵛglᵛ : eille (merueille) = ᵛllᵛ : ille (fille).
197. ᵛlj s. a. = ᶜl s. a. ᵛll s. a. : il (fil).

Lat. *rj*.
= frz. ir.
198. ᵛrjᵛ = ᵛrᵛ : ier, iere, ire (matire) oire = ᶜrᵛ : aire (contraire) aire, ere.

178. ᵛdj s. a. = iᶜ : i (demi).
179. ᵛdjᵛ = īᵛ : oie (joic) : ie (demie) = ᵛdvᵛ, ᵛvjᵛ : uie (ennuie).
180. ᶜdjᵛ = ᵛnjᵛ : oinne (vergoinne).

Lat. **sj**.
= frz. is.
181. ᵛsj s. a. = ᶜs s. a. : ais (Gatinais).
182. ᵛsjᵛ = ᵛsᵛ : ise, ises (eglises) = ᵛcjᵛ : aise (mesaise).

Lat. **cj**.
= frz. c.
183. ᵛcjᵛ = ᵛtjᵛ : ace (face) ice (office).
= frz. is.
184. ᵛcjᵛ = ᵛsjᵛ : ese (plese).

Lat. **pj**.
= frz. g'.
185. ᵛpjᵛ = ᵛtjᵛ : age (sage).
= frz. ch.
186. ᵛpjᵛ = ᵛccᵛ : ouche (aprouche).
= frz. i.
187. ᵛpj s. a. = ᵛvᵛ : ei (sei).

Lat. **bj**.
= frz. g'.
188. ᶜbjᵛ = ᵛnjᵛ : ange (change).
= frz. i.
189. Ueberall, wie gewöhnlich im Auslaut. aie und aient sind Analogiebildungen.

Lat. **vj**.
= frz. g'.
190. ᵛvjᵛ = ᵛgᵛ : ier (legier).
= frz. i.
191. ᵛvjᵛ = ᵛdjᵛ : uie (pluie).

Lat. **mj**.
= frz. ng'.
192. ᵛmjᵛ = ᵛnjᵛ : ie (congie).

Lat. **nj**.
= frz. ng'.
193. ᵛnjᵛ = ᵛljᵛ : ange (estrange) = ᶜnjᵛ : onge (menconge).
= frz. ign.
194. ᵛnjᵛ = ᶜdjᵛ : aigne (ouuraigne) = ᵛngᵛ : oigne (besoigne).
= frz. in.
195. ᵛnjᵛ = ᵛnᵛ : oine (essoine).

Lat. **lj**.
= frz. il.
196. ᵛljᵛ = ᵛclᵛ : aille (touaille) ailles, aille = ᵛglᵛ : eille (merueille) = ᵛllᵛ : ille (fille).
197. ᵛlj s. a. = ᶜl s. a. ᵛll s. a.: il (fil).

Lat. **rj**.
= frz. ir.
198. ᵛrjᵛ = ᵛrᵛ : ier, iere, ire (matire) oire = ᶜrᵛ : aire (contraire) aire, ere.

d. Lippenlaute.

Lat. p.
= frz. b.

199. $^vp^c = {^vb^c}$: *ible (triblc) oble (Constentinoble)*.
= frz. v.

200. $^vp^v = {^vv^v}$, $^vd^v$: *oeue (troeue)* = $^vq^v$: *ciue (aperceiue* 56,17) = $^vv^v$: *iue (eschiue)*.
= frz. ○.

201. $^vp^c = {^ct^v}$: *ade (sade)* = $^vtj^v$, $^vss^v$: *asse (chasse)* = $^vsj^v$: *ais (demenais)* = $^vr^v$: *eure (seure)*; $^vb^c$: *ot (sot)* = $^vst^v$: *it (escrit)*; $^vtt^v$: *outes (routes)*.

202. $^cp^c = {^cs}$ s.a. : *ens (tens)*.

Lat. b.
= frz. b.

203. $^vb^c = {^vp^c}$: *ible, oblc (noble)*.
= frz. v (u).

204. $^vb^v = {^vv^v}$: *oeue (proeue)* = ^vtt s.a. : *ot (amot)*.

205. $^vb^c = \infty$: *iure*.
= frz. ○.

206. $_vb_v = \circ$: *oie, oies, ut* = $^vd^v$: *oient* (impf.) = $^vn^c$: *ont* (prs.).

207. $^vb^c = {^vst}$ s.a. *as* = $^vp^c$: *ade (malade)* = $^vrj^v$: *ire (escrire)* = $^vtt^v$: *oute (doute)*.

Lat. v.
= frz. v.

208. $^vv^v = {^vp^v}$: *iue (viue)* = $^vb^v$: *oeue (esmoeue)*.
= frz. ○.

209. $^vv^v = {^vpj}$ s.a. : *ei (osei)*.

210. $^vv^c = {^vc^a}$, $^vb^c : a$ (prt.) = $^vc^a$, ^vc s.a. ^vt s.a. : *i (eissi)* = ^vs s.a. : *is (nais vis)*.

Lat. dv.
= frz. u.

211. $^cidv^v = odj^v$: *uie (vuie)* s. S. 44.

e. Dauerlaute.

Lat. m.
= frz. m.

212. $^vm^v = {^cm^v}$: *ime (rime)*; $^vn^v$: *on, ns* = $^vmn^v$: *ome (Romme) ume (plume)*.

213. $^cm^v = \infty$: *aume, aumes*.
= frz. n.

214. $^vm^c = {^vn^c}$: *ange, cns (tens)* = $^vn^s$: *on (non)*.
= frz. ○

215. Ueberall regelrecht im Auslaut nach tonlosem Vocal.

Lat. mm.
= frz. m.

216. $^vmm^v = {^vmn^v}$: *ome (some)*.

Lat. mn.
= frz. mm, m.

217. $^vmn^v = {^vm^v}$, $^vnm^v$: *ame (dame) omme* = $^vm^v$: *ume (alume) ument*.

Man sieht hier den Beginn der neuen Schreibung von geminirter Konsonanz an Stelle der bisher üblichen einfachen, um nämlich die

Kürze des vorangehenden Vokals anzudeuten. *Romme* 24,12. *homme* 152,9. 88,29, doch umgekehrt auch noch *some* 101,26 und 200,10 wie wir eben sahen. Auch bei *l* findet sich mehrmals *ll*, doch noch weit vorherschend *l*, so namentlich noch bei den sonst oft *ll* zeigenden *ecole* und *parole*.

Lat. *n*.
= frz. *n*.

218. ᵛ*n* s. a. = ∞ : *ain, ein, en, in, un*.

219. ᵛ*n*ᵛ = ᶜ*m*ᵥ : *ine* (*raine*).

220. ᵛ*n*ᶜ = ᵛ*m*ᶜ : *ens* (*sens*) *onte* (*monte*) = ᵛ*n*·ᶜ : *ons* (*semons*).
= frz. ○.

221. In den bekannten Fällen *païs, pris, pois* (*pensum*), *retor*.

Lat. *nm*.
= frz. *m*.

222. ᵛ*nm*ᵛ = ᵛ*mn*ᵛ : *ame*.

Lat. *gn*.

223. Bleibt der Schreibart nach meist *gn*; wird jedoch durch *in* ausgedrückt in *seins* (Glocken) sowie in *acointe*.

Dem Augenreim zu Liebe ist ein *gn* geschrieben in *enterignes* und *hymgnes* 41,21—22. Doch findet sich erstere Schreibung im Altfranzösischen ja öfter und ist bekanntlich einer Umstellung von *integrinus* zu *enterignus* durch Einfluss von *benignus* zuzuschreiben.

Lat. *ng* s. § 171.

Lat. *l*.
= frz. *l*.

224. ᵛ*l*ᵛ = ᵛ*ll*ᵛ : *eles* (*teles*) *ole* (*parole*) = ᵛ*lj*ᵛ : *ile* (*avile*).

225. ᵛ*l*ᶜ = ∞ : *eult, eulz*.

226. ᶜ*l* s. a. = ᶜ*ll* s. a. : *al* (*mal*).

227. ᶜ*l*ᵛ = ∞ : *able, ables, emble, ible, oble*.
= frz. *u*.

228. ᵛ*l*ᶜ = ᵛ*ll*ᶜ : *aus* (*paroissiaus*).
= frz. *n*.

229. ᵛ*l*ᵛ = ᵛ*lln*ᵛ : *ine* (*narrine*).
= frz. *r*.

230. ᶜ*l*ᵛ = ᵛ*tr*ᵛ : *ostres* (*apostres*).
= frz. ○.

231. ᵛ*l*ᶜ = ᵛ*s*ᶜ : *ouse* (*pouse*) = ᵛ*b*ᶜ : *outes* (*escoutes*) = ᵛ*t*ᶜ : *us* (*nus*).

Dies kommt sowol im Westen als im Französischen vor, dagegen findet sich kein Beispiel, dass nach Art des Normanischen *l* vor flexivischem *s* gefallen wäre nach *i*, vielmehr steht 29,18 *fil* (*filius*): *peril*. obl.

Lat. *ll*.
= frz. *l* (*ll*).

232. ᵛ*ll* s. a. = ᵛ*lj* s. a. : *il* (*il*) ᶜ*l* s. a. : *al* (*aval*).

233. ᵛ*ll*ᵛ = ᵛ*l*ᵛ : *eles* (*ceneles*) *ole* (*fole*) = ᵛ*lj*ᵛ : *ille* (*ville*).
= frz. *u*.

234. ᵛ*ll*·ᶜ = ᵛ*l*ᶜ : *aus* (*seiaus*) *eaux* (*tropeaux*).

Lat. *l (s)*.
= frz. *x* (= *us*).
235. $^vl\ (s) = \infty : ex\ (chatex)$.
Doch finden sich 33,4 auch 2 Fälle von Erhaltung des *l* vor *s cruels*: *hainels*.

Lat. *r.*
= frz. *r.*
236. $^vr^v = {^cr^v} : iere, oire\ (voire)$
= $^vrj^v : ier, iere, ieres, ire = {^vrr^v} :$ *orent (plorent)*.
237. ^vr s. a. = $\infty : air,\ er,$ *ier, ir*.

238. $^vr^c = \infty : arde, arge, art,$ *artres, eindre* etc.
239. $^cr^v = {^vr^v} : ierre\ (pierre),$ *oire (prouoirc), ire (dire)* = $^vrj^v :$ *aire, eire, ere, oire* .= $^vrr^v : eire$ *(veirre)*.

∴ Lat. *rr.*
= frz. *rr.*
240. $^vrr^v = {^cr^v} : erre\ (terre).$
= frz. *r.*
241. $^vrr^v = {^vr^v} : orent\ (acorent).$

Flexion.
A. Nominalflexion.

Im Allgemeinen werden die alten Regeln noch befolgt, öfter weicht der Dichter jedoch dem Reim zu Liebe davon ab und zieht dann die Schreibung des cas. obl. meist der des cas. rect. vor, während bei Bindungen von gleichen casus fast ohne Ausnahme noch die alten Formen beachtet sind.

I. Feminina.
a) Vokalische Deklination.

Der lateinischen Flexion ist nur noch Rechnung getragen in *grans* 195,18 (: *enfans*), während sich *real* unflektirt findet. Sonst treten secundäre Feminina auf *e* für lat. Adjectiva auf *is*, *-e* hier schon mehrfach auf: *grieue* 162,16; ausserdem oft im Vers: 43,16. 44,14. 79,24. 206,13.

Natürlich findet sich auch das bekannte *dolente* 159,5. *Nobile* 54,27 ist schon besprochen = **nobil(i)a*.

nom. pl.

zeigt stets *s*. Zu merken: *dolentes* 183,27.

obl. pl.

Eingeschlechtig noch *grans* 64,10.

b) Konsonantische Deklination.

Sehr wenig belegt. Nur nom. sing.: *la main* 173,22. *foiz* 196,28.

II. *Masculina.*
1te. Deklination.

Im nom. sing. ohne *s*: *pere* 17,22. 38,12. *persone* 168,26. *espie* 114,26. *deliure*: *iure* 146,26 Mit *s*: *liures* 18,17. 120,13. *deliures* 120,14. 201,23. *prestres* 165,4 : *celestres*. n. pl.: *deliures* 145,15.

2te. Deklination.
nom. sing.

Hier zeigt lat. masc. noch vorwiegend *s*: *primes* 88,26. 154,30. *meismes* 73,23. *il meismes* 40,19 (und daneben wie neufranzösisch *lui meismes* 142,1). *apostres* : *nostres* 38,10. *cruels* : *hainels* 33,4. *parfons* 56,7; *forz* 74,10. *nus* 29,9. 71,16. *cors* und *pors* stets mit *s*. *Guillaumes* 170,4. *Roberz* 208,8 selbst *Meilleurs* 26,10.

Wo ohne *s*, ist es ausser in *sire* 28,24 dem Reim zuzuschreiben. So z. B.: *tonnerre* 84,15. *espert* 27,29. 72,14. *muet* 35,17. 117,25. *parfont* 98,9. *linceul* 65,19. *sage* 11,20. 108,16. *tel* 64,2 etc.

Zweimal findet sich allerdings auch *cas. rect.*: *cas. rect.* ohne *s*, nämlich:

26,29 Li euesques et le deien
Lun premier lautre darrien.

63.25 Trop lez et trop espoentable
Croire deuez que cert deable.

Doch ist es fraglich, ob diese Schreibung wirklich vom Dichter herrührt.

Auch dass das lat. Neutrum meist kein *s* zeigt, wird auf Rechnung des Reimes zu setzen sein: *pigment* 76,24. *seintuaire* 20,6. 178,31. *repeire* 6,11. *menconge* 138,30. 148,19. *reigne* 50,4. *esuangile* 54,28. *erre* 84,16. 156,4. *enpire* 210,16, gegen *consaus* 192,24: *hauz. domages* 128,18: obl. pl. Das neutrale Adj. u. Part. entbehrt dagegen mit Recht *s*: *Si com est ci deuant treitie* 29,28.

obl. sing.

Stammhaftes *s* wird natürlich bewahrt: *fons* 56,8. *tens* 164,18.

Als Eigenname steht mit *s*: *Oliens* 74,2, dagegen *Gile* 193,9,21.

Offenbar falsch steht das Flexionszeichen an folgenden Stellen: *espers* 173,24. *darreniers* 183,17 und 20,23.

La dame ce seint vestement
Auoit vestu celui meismes
Si haut si precieus si seintimes.

nom. pl.

Noch meist ohne *s* bei Wörtern der lat. *o* Deklination: *lei* 22,1. 74,5. *ami* 124,23. 143,20. *suge* 97,11. *chapelain* 201,31. *malade* 196,12. *paroissien* 180,13. 189,7.

Dagegen mit *s*: *deniers*:*ouuriers* o. pl. 31,17. *amis* :*mis* p. p. 52,12. *prisonniers*: *deniers* o. pl. 145,12. Ebenso bei lat. *i* und konson. Deklination: *macon* 101,27. *brandon* 105,17. *breton* 105,11. *bacheler* 94,22. *fort* 170,4. *commun* 69,3. Doch *creables*:*veritables* n. pl. 207,9. *paroissiaus*:*tropeax* o. pl. 41,12. *autex*: o. pl. 47,11. *esperis*:*peris* n. pl. (beide wohl mit leichter Änderung als n. s. zu fassen) 57,18.

obl. pl.

Regelmässig *s*, auch bei :*miracles* 42,20. *vestemenz* 176,2.

gen. pl.

findet sich noch in *ancionnor* 73,12.

Tels com au tens ancionnor.

3te. Deklination.

Die Wörter auf lat. *ator* bilden ihren nom. sing. noch 3 Mal vom lat. nom. zeigen jedoch auch *s*: *ianglierres*:*bordierres* 112,28. *currierres* 84,22.

Ebenso oft findet sich jedoch schon die dem lateinischen cas. obl. entsprechende Form: *iangleeur*:*peeur* neutr. n. s. 33,26. *lecheor*: *iangleor* 112,22.

Für den nom. pl. sind nur 3 Reimbelege vorhanden: *pecheor*: *sauueor* o. s. 101,2. *bourgueignons*:*compaignons* 182,19.

B. Verbalflexion.

Die 3. pers. sing. zeigt zeitgemässe Behandlung. In Betreff einiger ausweichenden Schreibungen vgl. § 101 u. § 105.

Die 1. pers. sing. ist ohne Flexions -*s*: *di, fiaie, receuraie*.

Die 1. pers. pl. hat *n* für lat. *m* und meistens kein *s*, nämlich in 19 Fällen, während nur 4 Formen mit *s* vorkommen.

Die übrigen Personen bieten nichts Bemerkenswertes.

Von den andern Verbalformen soll nur noch das part. passé und zwar hauptsächlich die syntactische Behandlung desselben einer Betrachtung unterzogen werden und zwar im Anschluss an die Arbeit von Busse »Das part. passé im Altfranzösischen bis zum Anfang des 13. Jh.«

Da unser Text gut 50 Jahre jünger ist, dürfte sich eine Vergleichung lohnen.

Vorher möge .erwähnt werden, dass der nom. sing. masc. von *-atus* u. *-itus* im Reime meist ohne *s* begegnet. Letzteres findet sich nur in *trenchies* 89,4. *bleciez* 15,8 sowie indifferent 189,13. 201,21, öfter aber bei *-atus*: *creuz* 18,1. *tenus* 114,30. *venus* 71,15 indifferent 36,24. 111,25. 154,22.

Der nom. pl. ist stets ohne *s*, nur einmal findet sich *venuz* : *tenuz* n. s. 114,29.

Wenden wir uns nun zur syntactischen Behandlung des Partic. bei *avoir* und zwar zunächst, wo es sich auf ein Objectiv pl. masc. bezieht. Von den 6 bei Busse verzeichneten Stellungen kommen bei männlichem Objekt in den Reimen des Gedichtes nur 2 vor, II und III.

Stellung II. V. O. P.

Nach B. S. 25 ist hier bei gelehrter Dichtung des 12 *s*. Kongruenz feste Regel; auch in unserm Texte finden sich 2 Fälle von Kongruenz gegen 1 Fall von Inkongruenz.

vestus 123,9. *collez* 118,15. *ot grans trez beu* 118,14.

Stellung III. O. V. P.

a. Objekt = sb.

Nur ein Fall: *tretouz ces dis* (= Worte) *ot entendu* 15,23.

b. Objekt = pron. pers.

Auch hier ist das Part. gegen die Regel zweimal unflektirt: *les a bien amoneste* 26,14. nur scheinbar aber: *nos a veu* :*teü* n. s. m. 33,31, dagegen *trauailliez* : *bailliez* 2. pl. imp. 74,27.

c. Objekt ein pron. rel.

In allen 4 vorhandenen Fällen ist die Kongruenz-Regel wiederum nicht beachtet: o. pl.: *garde, soutenu* 29,31. *visite* 30,7. *amenteu* 42,28. Alle diese Verletzungen dürfen wir wohl als aus dem Reimbedürfnis des Dichters entstanden ansehen.

Bei weibl. Objekt im sing. begegnen in der Stellung I. V. P. O.: 2. Fälle von Inkongruenz: *retenu* 35,12. *tenu* 178,30; ebenso 1 Fall bei weibl. Obj. im pl.: *veu* 90,6. Bei vorangehendem Objekt findet dagegen stets Kongruenz statt, ebenso bei weibl. Obj. im pl. in der Stellung IIIa : *escoutees* 116,16. *arrestees* 137,3. 101,18,19. und in der Stellung II: *saoulees* 182,10.

Nachtrag zu p. 12.

esme.

-ēsimum+-essima *a.*: baptesme:pesme 108,10.

esque.

-*iscuit + -iscopum : vesque: euesque 48,10.

esques.

-iscopus + -oc...: euesques: ouesques 178,27.

esse, esce, eice.

-axat *prs.*+-essa, -essat: lesse : confesse 160,12 cesse 12,26.
-ectiat+-ītiam:adreice 98,12.
-essam *sb.*+-essat,-issam,-itiam:presse.
-essat + -axat, -issam, -essam, -itiam 12,27; 159,15. — 37,2; 91,23.
est eccehoc + -ītiam:(que)es ce 162,9.
-issam + -essam, -essat: messe 170,30; 159,14.
-ītiam + ĕctiat, -essam, est eccehoc 98,11. — 91,22. — 162,10. +∞ 30,17. 54,5 etc.

esces.

-itias + ∞ 22,3.

est.

-aestum + -estum: prest: Prest 55,18.

este (ete, ette).

-aesit m + estiam:queste 129,27.
-aesta + -estam, -estiam: preste 99,1. 56,23.
-esta *a.* + estam: manifeste 98,24.
-estam *sb.* + -aesta, -esta, -estiam: feste 98,31. teste 98,23. — 127,8.
-estiam + -aesitam, -aesta, -estam: moleste 129,28. — 56,24. beste 127,7.

estre.

1) -ascere+-*estrem *a.*: nestre:celestre 48,2. +-*estris, -estris 82,17. 100,31.
-esbyter + -*estris:prestres 165,4.
-*estris *a. m.* + -ascere, -esbyter:

celestre 82,16. 165,5. — *a. f.* +ascere 101,1.
-istram + essere : senestre : estre 99,11. 173,27.
2)-itteram+-ittere:lestre:mestre19,1. 26,15. *vgl.* citre.

et.

-itto + ∞ met 7,21.
-est *prs.* + -ebat:est: mandiest 91,12.

ete, ette (eite, este).

-acta + -ëtam : deffeite: prophete 77,19.
— + -ittam:treite:fillete 57,14.
*ectat+-ittat : degette 199,31.
-estat + -ittat:amonete 128,12. 132,14.
-itida + -ittam:nette 51,18.
-itta + ∞: grandeste:petiteste 63,17.
-ittam + -itida, -itta: pucellete 51,17; 58,29.
-ittat + -ectat, -estat: mette.

e(s)tes.

-istas + -ittas : arbalestes : saettes 181,13.

eu.

-audo *prs.* + -ŏcum: leu 138,22.
-ŏcum *sb.* + -audo, -ŏcus, -*ōgum, -ōtum:leu.
-ŏcus + -ŏcum:feu 12,12.
-*ōgum *sb.* + -ŏcum : sarqueu 187,3.
-ōtem *sb.* + -ōtum:neueu 110,24.
-ōtum + -ŏcum, -ōtem : veu 110,25. 175,28.

eul.

-*ŏlus+-*ŏlum : linceul : berceul 65,18.
-*olum + -*ŏl(i)um : filleul:duel 110,1.

eulz.

-ětulus + ŏculos:veulz:eulz 84,26.

eur, or, ur.

-ōrem *sb. n.* + -ōrem *a. n.*:iangleeur: peeur 33,26. + -ōrem *a. o.*:seignor: greignor 76,1; — *sb. m o.* + -ōres, -orum, -urnum; - *sb. f. o.*+ōrum: douleur 160,26.